PAPST
FRANZISKUS

WAGE ZU TRÄUMEN!

PAPST
FRANZISKUS

WAGE ZU TRÄUMEN!

Mit Zuversicht aus der Krise

Im Gespräch mit Austen Ivereigh

Kösel

Inhalt

Vorwort

Ich sehe diese Zeit als eine Stunde der Wahrheit. Ich denke daran, was Jesus zu Petrus sagt: der Teufel verlange, dass er ihn »wie Weizen sieben« dürfe (Lukas 22,31). In eine Krise zu geraten bedeutet, gesiebt zu werden. Die eigenen Kategorien und Denkweisen werden erschüttert, deine Prioritäten und dein Lebensstil werden herausgefordert. Du überschreitest eine Schwelle, entweder durch deine eigene Entscheidung oder zwangsweise, denn es gibt Krisen wie die, durch die wir gerade gehen, die du nicht vermeiden kannst.

Die Frage ist, ob du diese Krise überstehst und wenn ja, wie. Die Grundregel einer jeden Krise ist, dass du nicht genau so herauskommst, wie du hineingegangen bist. Wenn du sie überstehst, dann gehst du besser oder schlechter aus ihr hervor, aber bleibst nicht derselbe.

Wir erleben eine Zeit der Prüfung. Um solche Prüfungen zu beschreiben, spricht die Bibel davon, »durch ein Feuer zu gehen«, wie in einem Brennofen, der die Arbeit des Töpfers prüft (Sirach 27,5). Es ist so, dass wir alle im Leben geprüft werden. Auf diese Weise wachsen wir.

In den Prüfungen des Lebens offenbarst du dein eigenes Herz: wie stabil es ist, wie barmherzig, wie groß oder wie klein. Normale Zeiten sind wie formale Veranstaltungen: Man muss sich selbst niemals zeigen. Du lächelst, du sagst die richtigen Dinge, und du überstehst das alles unbeschadet, ohne jemals zeigen zu müssen, wer du wirklich bist. Wenn du aber in einer Krise bist, ist es das genaue Gegenteil. Du musst wählen. Und in deiner Wahl zeigst du dein Herz.

Denk daran, was in der Geschichte passiert. Wenn das Herz der Menschen geprüft wird, wird ihnen bewusst, was sie niedergehalten hat. Andererseits spüren sie auch die Anwesenheit des Herrn, der treu ist und der den Schrei Seines Volkes hört. Die darauf folgende Begegnung lässt eine neue Zukunft anbrechen.

Denk daran, was wir während der Covid-19-Krise erlebt haben. Alle diese Märtyrer: Frauen und Männer, die ihr Leben im Dienst an den Bedürftigsten hingegeben haben. Denk an Menschen im Gesundheitsdienst, die Ärztinnen und Ärzte, die Pflegerinnen und Pfleger, oder auch an die Geistlichen und an alle, die andere in ihrem Leiden beigestanden haben. Unter den notwendigen Vorsichtsmaßnahmen versuchten sie, anderen Unterstützung und Trost zu bieten. Sie legten Zeugnis ab für Nähe und Zärtlichkeit. Tragischerweise starben viele von ihnen. Um ihr Zeugnis und das Leiden so vieler zu ehren, müssen wir eine Zukunft aufbauen, indem wir den Wegen folgen, welche sie für uns ausgeleuchtet haben.

Aber – und ich sage das mit Schmerz und Scham – denken wir auch an die Wucherer, die Kredithaie, die an den Türen verzweifelter Menschen aufgetaucht sind. Wenn sie ihre Hände reichen, dann um Kredite anzubieten, die niemals zurückgezahlt werden können, sondern die jene für immer verschulden, welche sie aufnehmen. Solche Kreditgeber spekulieren auf dem Rücken des Leidens anderer.

In Krisen bekommst du beides, Gutes und Schlechtes. Menschen zeigen sich, wie sie wirklich sind. Einige verausgaben sich im Dienst an den Bedürftigen, während andere sich an der Not von Menschen bereichern. Einige brechen auf, um anderen zu begegnen – auf neue und kreative Weisen, ohne ihre Häuser zu verlassen –, während andere sich in ihre Rüstung zurückziehen. Unsere Herzen zeigen sich.

Es sind nicht nur einzelne Menschen, die geprüft werden, sondern auch ganze Völker. Denk an die Regierungen, die während der Pandemie Entscheidungen treffen mussten. Was ist wichtiger, sich um Menschen zu kümmern oder das Finanzsystem am Laufen zu halten? Kümmern wir uns um die Menschen oder opfern wir sie, der Börse zuliebe? Halten wir die Wohlstandsmaschine an, wissend, dass einige Menschen leiden werden, um so Leben zu retten? In einigen Fällen haben Regierungen versucht, vor allem die Wirtschaft zu schützen, vielleicht weil sie das Ausmaß der Krankheit nicht begriffen oder weil ihnen die Mittel fehlten. Diese Regierungen haben ihrer Bevölkerung schwere Hypotheken aufgebürdet. Die Krise hat gezeigt, welche Prioritäten die Regierenden hatten, ihre Werte wurden aufgedeckt.

In einer Krise besteht immer die Versuchung des Rückzugs. Natürlich gibt es immer Zeiten, in denen wir uns aus taktischen Gründen zurückziehen müssen – wie die Schrift sagt: »In deine Zelte, Israel!« (1 KÖNIGE 12,16) –, aber es gibt Situationen im Leben, in denen es weder richtig noch menschlich ist, so zu handeln. Jesus verdeutlicht das in seinem berühmten Gleichnis vom barmherzigen Samariter. Wenn der Levit und der Priester von einem Mann weggehen, der blutend und von den Dieben geschlagen an der Straße liegt, dann machen sie einen »zweckmäßigen« Rückzug. Damit meine ich, dass sie ihren eigenen Platz in der Gesellschaft – ihre Rolle, ihren Status – bewahren wollen, wenn sie in eine Krise geraten, in der sie geprüft werden.

In einer Krise wird unser Funktionalismus erschüttert und wir müssen unsere Rollen und Gewohnheiten verändern, um aus der Krise als bessere Menschen hervorzugehen. Eine Krise verlangt immer, dass unser ganzes Selbst präsent ist. Du kannst dich nicht zurückziehen, dich in alte Wege und Rollen flüchten. Denke an den Samariter: Er hält an, kommt näher, betritt die Welt des verwundeten Mannes, wirft sich selbst in diese Situation hinein, in das Leiden des anderen, und schafft so eine neue Zukunft.

In einer Krise wie der Samariter zu handeln bedeutet, sich von dem, was ich sehe, berühren zu lassen, wissend, dass das Leiden mich verändern wird. Wir Christen nennen das *das Kreuz aufnehmen und annehmen*. Das Kreuz anzunehmen, in der Zuversicht, dass das Kommende neues Leben sein wird, gibt uns den Mut, das Wehklagen und den Blick zurück aufzugeben. So können wir aufbrechen, anderen dienen und so Veränderung geschehen lassen, die nur durch Mitgefühl und Dienst am Menschen entstehen kann.

Manche reagieren auf Leiden in der Krise mit einem Achselzucken. Sie sagen: »Gott hat die Welt halt so geschaffen, so ist sie nun einmal.« Aber solch eine Antwort sieht Gottes Schöpfung fälschlicherweise als statisch, während sie in Wirklichkeit ein dynamischer Prozess ist. Die Welt wird ständig erschaffen. Paulus sagt im Römerbrief (8,22), dass die Schöpfung seufzt und in Geburtswehen liegt. Gott will die Welt mit uns als Partner fortwährend hervorbringen. Er hat uns von Anfang an eingeladen, uns ihm anzuschließen, in friedlichen Zeiten und in Zeiten der Krise – zu jeder Zeit. Es ist ja nicht so, dass uns die Sache eingepackt und versiegelt übergeben worden wäre: »Hier, das ist die Welt für euch.«

Im Schöpfungsbericht der Genesis befiehlt Gott Adam und Eva, fruchtbar zu sein. Die Menschheit hat den Auftrag, die Schöpfung zu verwandeln, aufzubauen und sich untertan zu machen in dem positiven Sinn, aus ihr und mit ihr zu erschaffen. Was kommen wird, hängt nicht von einem unsichtbaren Mechanismus ab, einer Zukunft, in der die Menschheit ein passiver Beobachter wäre. Nein, wir sind Akteure, wir sind – wenn ich das Wort etwas dehnen darf – Mit-Schöpfer. Als der Herr uns auftrug, hinauszugehen und uns zu mehren, die Erde uns untertan zu machen, sagte er: Seid die Schöpfer eurer Zukunft!

Aus der Krise können wir besser oder schlechter hervorgehen. Wir können rückwärtsgleiten oder wir können etwas Neues schaffen. Was wir jetzt brauchen, ist die Chance, uns zu verändern, Raum für das zu schaffen, was jetzt nottut. Es ist wie bei Gott, der zu Jesaja sagt: Komm, lass uns darüber reden. Wenn du bereit bist, zu hören, dann werden wir eine große Zukunft haben. Aber wenn du dich weigerst, zu hören, dann wirst du durch das Schwert gefressen (JESAJA 1,18–20).

Es gibt so viele Schwerter, die uns zu fressen drohen.

Die Covid-Krise mag besonders erscheinen, weil sie fast die gesamte Menschheit betrifft. Aber sie ist nur insofern etwas Besonderes, als sie sichtbar ist. Es gibt tausend andere Krisen, die genauso schlimm sind, aber weit genug von vielen von uns weg, sodass wir so tun können, als ob es sie gar nicht gäbe. Denk zum Beispiel an die Kriege überall in der Welt, an

Waffenherstellung und -handel, an die Hunderttausende von Flüchtlingen, auf der Flucht vor Armut und Klimawandel, denk an den Hunger und die Chancenlosigkeit, an den Klimawandel. Diese Dramen mögen uns fern erscheinen, als Teil der täglichen Nachrichten, die uns leider nicht dazu bewegen können, unsere Ansichten und Prioritäten zu ändern. Aber wie die Covid-Krise betreffen sie die gesamte Menschheit.

Schau nur auf die Zahlen, was eine Nation für Waffen ausgibt, und dir gefriert das Blut in den Adern. Dann vergleiche diese Zahlen mit der UNICEF-Statistik darüber, wie viele Kinder keine Schulbildung haben und hungrig zu Bett gehen müssen, dann merkst du, wer den Preis für den Waffenhandel zahlt. In den ersten vier Monaten diesen Jahres sind 3,7 Millionen Menschen an Hunger gestorben. Und wie viele sind durch Kriege gestorben? Die Ausgaben für Waffen zerstören die Menschheit. Sie sind ein schwerwiegender Coronavirus, aber weil seine Opfer vor uns verborgen sind, sprechen wir nicht darüber.

Vielen ähnlich verborgen ist die Zerstörung der Natur. Wir dachten, dass es uns nicht betrifft, weil es woanders passiert. Aber plötzlich sehen wir es, wir verstehen es: Ein Boot überquert zum ersten Mal den Nordpol und wir erkennen, dass die fernen Überschwemmungen und Waldbrände Teil der einen Krise sind, die uns alle betrifft.

Sieh uns an: Wir tragen Gesichtsmasken, um uns und andere vor einem Virus zu schützen, den wir nicht sehen können. Aber was ist mit all den anderen unsichtbaren Viren, vor denen wir uns schützen müssen? Wie werden wir mit den verborgenen Pandemien dieser Welt umgehen, den Pandemien des Hungers und der Gewalt und des Klimawandels?

Wenn wir aus der Krise weniger egoistisch herauskommen wollen, als wir hineingegangen sind, dann müssen wir uns von dem Leiden anderer anrühren lassen. Es gibt zwei Zeilen in Friedrich Hölderlins Gedicht *Patmos*, die mich ansprechen. Sie sagen, dass die in einer Krise drohende Gefahr niemals vollkommen ist, sondern dass es immer einen Ausweg gibt: »Wo aber Gefahr ist, wächst / das Rettende auch.«[1] Das ist das Wunderbare an der menschlichen Geschichte: Es gibt immer einen Weg, der Zerstörung zu entkommen. Die Menschheit muss genau dort handeln, in der Bedrohung selbst, dort öffnet sich die Tür. Diese Zeilen Hölderlins haben mich zu verschiedenen Zeiten meines Lebens begleitet.

Dies ist ein Augenblick, große Träume zu träumen, unsere Prioritäten zu überdenken – was wir wertschätzen, was wir wollen, was wir anstreben – und uns zu entschließen, in unserem täglichen Leben das zu tun, wovon wir geträumt haben. Was ich in diesem Augenblick höre ist wie das, was Jesaja Gott sagen hört: *Kommt doch, wir wollen miteinander reden, die Dinge überdenken. Wagen wir es, zu träumen.*

Gott fordert uns auf, es zu wagen, etwas Neues zu erschaffen. Wir können nicht einfach zu den falschen Sicherheiten der politischen und ökonomischen Systeme von vor der Krise zurückkehren. Wir brauchen ein Wirtschaftssystem, das allen Zugang zu den Früchten der Schöpfung verschafft, zu den grundlegenden Bedürfnissen des Lebens: zu Land, zu Arbeit und zu Wohnraum. Wir brauchen eine Politik, welche die Armen, Ausgeschlossenen und Schwachen integrieren und mit ihnen einen Dialog führen kann, einen Dialog, der den Menschen ein Mitspracherecht bei den ihr Leben bestimmenden Entscheidungen gibt. Wir müssen verlangsamen, Bilanz ziehen und bessere Weisen des Zusammenlebens auf dieser Welt entwerfen.

Das ist eine Aufgabe für uns alle, zu der jeder von uns aufgefordert ist. Aber es ist vor allem eine Zeit für Menschen mit Unruhe im Herzen, jener gesunden Unruhe, die uns zum Handeln anspornt. Was sich jetzt mehr als jemals gezeigt hat, ist der Trugschluss, den Individualismus zum Organisationsprinzip der Gesellschaft zu erheben. Was wird unser neues Prinzip sein?

Wir brauchen eine Bewegung von Menschen, die wissen, dass wir einander brauchen, die ein Verantwortungsgefühl für andere und für die Welt haben. Wir müssen verkünden, dass Freundlichkeit, Glaube und die Arbeit für das Gemeinwohl große Lebensziele sind, die Mut und Kraft brauchen, während unbedarfte Oberflächlichkeit und die Verhöhnung der Ethik uns nichts Gutes gebracht haben. Die Moderne, die mit so viel Entschiedenheit Gleichheit und Freiheit hervorgebracht hat, muss sich nun mit dem gleichen Elan und derselben Hartnäckigkeit auf die Geschwisterlichkeit konzentrieren, um sich den vor uns liegenden Herausforderungen zu stellen. Die Geschwisterlichkeit wird es der Freiheit und der Gleichheit erlauben, ihren rechtmäßigen Platz im Gleichklang einzunehmen.

Millionen von Menschen haben sich selbst und andere gefragt, wo sie in dieser Krise Gott finden können. Was mir in den Sinn kommt, ist das Überfließen. Ich denke an große Flüsse, die sanft anschwellen, so allmählich, dass man es kaum wahrnimmt, aber dann kommt der Moment, wo sie über die Ufer treten und sich ergießen. In unserer Gesellschaft zeigt sich die Barmherzigkeit Gottes in solchen »Momenten des

Überfließens«: Hier bricht sie aus, durchbricht die hergebrachten Abgrenzungen, die so viele Menschen von dem abgehalten haben, was sie verdienen, und erschüttert unsere Rollen und unser Denken. Das Überfließen liegt in dem Leid, das diese Krise offenbart hat, und in der kreativen Art und Weise, in der so viele Menschen darauf reagiert haben.

Ich sehe ein Überfließen von Barmherzigkeit mitten unter uns. Viele Herzen wurden geprüft. Die Krise hat in einigen einen neuen Mut und ein neues Mitgefühl geweckt. Einige von uns sind gesiebt worden und haben mit der Sehnsucht geantwortet, unsere Welt neu zu denken. Andere sind Menschen in Not auf ganz konkrete Weise zu Hilfe gekommen und haben dadurch geholfen, das Leiden ihres Nächsten zu verwandeln.

Mich erfüllt das mit der Hoffnung, dass wir mit einer besseren Zukunft aus dieser Krise herauskommen. Aber wir müssen klar sehen, gut wählen und richtig handeln.

Lass uns darüber sprechen, wie. Lass die Worte Gottes an Jesaja auch zu uns sprechen: Komm, lass uns darüber sprechen. Wagen wir es zu träumen.

Eine Zeit zum Sehen

In diesem vergangenen Jahr des Wandels und der Krise waren mein Geist und mein Herz übervoll mit Menschen. Menschen, an die ich denke und für die ich bete und mit denen ich manchmal weine: Menschen mit Namen und Gesichtern. Menschen, die gestorben sind, ohne dass sie Abschied von den Ihren nehmen konnten. Familien in Schwierigkeiten, die sogar hungrig blieben, weil es keine Arbeit gibt.

Wenn du global denkst, dann kann dich das lähmen: Es gibt so viele Orte mit scheinbar endlosen Konflikten, es gibt so viel Leid, so viel Not. Ich finde, es hilft, sich auf konkrete Situationen zu konzentrieren: Du siehst Gesichter, die in der Wirklichkeit eines jeden Menschen, eines jeden Volkes, nach Leben und Liebe suchen. Du siehst Hoffnung in der Geschichte eines jeden Volkes eingeschrieben, glorreich, weil es eine Geschichte von Opfern ist, von täglichem Kampf, von Leben, die in Selbstaufopferung zerbrochen sind. Anstatt dich also zu überwältigen, lädt dich diese Situation ein, nachzudenken und mit Hoffnung zu reagieren.

Du musst an die Ränder des Daseins gehen, um die Welt so zu sehen, wie sie ist. Ich war immer davon überzeugt, dass der Blick auf die Welt klarer ist, wenn sie von der Peripherie aus gesehen wird, aber in den vergangenen sieben Jahren als Papst ist mir das noch einmal so richtig deutlich geworden. Du musst an die Ränder gehen, um eine neue Zukunft zu finden. Als Gott die Schöpfung neu erschaffen wollte, hat Er entschieden, an die Ränder zu gehen – die Orte der Sünde und des Elends, der Ausgrenzung, der Krankheit und der Einsamkeit –, weil das die Orte voller Möglichkeiten sind: »Wo jedoch die Sünde mächtig wurde, da ist die Gnade übergroß geworden« (RÖMERBRIEF 5,20).

Du kannst aber nicht abstrakt an die Ränder gehen. Ich denke oft an die verfolgten Völker: die Rohingya, die armen Uiguren, die Jesiden – was Daesh, der sogenannte Islamische Staat, ihnen angetan hat, war wirklich grausam – oder an die Christen in Ägypten und Pakistan, die durch Bomben getötet wurden, die, während sie beteten, in Kirchen explodierten. Eine besondere Zuneigung habe ich aber für das Volk der Rohingya. Die Rohingya sind die auf der Welt derzeit am meisten verfolgte Gruppe. Ich versuche, ihnen soweit ich das kann, nahe zu sein. Sie sind keine Katholiken oder Christen, aber sie sind unsere Schwestern und Brüder, ein armes Volk, getreten von allen Seiten. Ein Volk, das nicht weiß, wohin es sich wenden soll. In diesem Augenblick leben Tausende von ihnen in Bangladesch in Flüchtlingslagern, in denen Covid-19 ungebremst um sich greift. Stell dir diesen Virus in einem Flüchtlingslager vor, was dort passiert! Es ist eine zum Himmel schreiende Ungerechtigkeit.

Ich habe Rohingya 2017 in Dhaka getroffen, es sind gute Leute, Leute, die arbeiten wollen und sich um ihre Familien kümmern, denen das aber nicht erlaubt wird; das ganze Volk, in die Enge getrieben und eingesperrt. Was mich aber besonders bewegt hat, ist die geschwisterliche Großzügigkeit in Bangladesch ihnen gegenüber. Es ist ein armes, dicht bevölkertes

Land, und trotzdem haben sie 600 000 Menschen aufgenommen. Ihr damaliger Premierminister hat mir erzählt, dass die Bangladeshis eine Mahlzeit pro Tag abgeben, damit die Rohingya etwas zu essen haben. Als ich also im vergangenen Jahr in Abu Dhabi einen Preis bekommen habe – eine nicht unerhebliche Summe –, habe ich sie direkt an die Rohingya weitergeleitet: eine Anerkennung von Muslimen an Muslime.

Wie in diesem Fall konkret an die Ränder zu gehen, erlaubt es dir, das Leiden und die Bedürfnisse eines Volkes zu berühren, aber es erlaubt auch, die potenziellen Bündnisse, die sich bilden, zu unterstützen und zu fördern. Das Abstrakte lähmt, aber die Konzentration auf das Konkrete eröffnet mögliche Wege.

Das Thema des Helfens anderer war mir in den vergangenen Monaten sehr präsent. Während des Lockdowns bin ich im Gebet oft bei den Menschen gewesen, die alles eingesetzt haben, um das Leben anderer zu retten. Damit meine ich nicht, dass sie leichtsinnig gewesen seien oder rücksichtslos; sie haben den Tod nicht gesucht und haben ihr Bestes getan, ihn zu vermeiden. Dennoch ist ihnen das manchmal nicht gelungen, weil sie sich nicht ausreichend schützen konnten. Diese Menschen haben die Rettung ihres eigenen Lebens nicht der Rettung des Lebens anderer vorgezogen. So viele Pflegerinnen und Pfleger, Ärztinnen und Ärzte und so viele Menschen im Gesundheitswesen haben den Preis der Liebe gezahlt, gemeinsam mit Priestern und Ordensleuten und allen Menschen, deren Berufung der Dienst ist. Wir erwidern ihre Liebe durch unsere Trauer um sie, durch unsere Trauer ehren wir sie.

Gleich ob ihnen das bewusst war oder nicht, ihre Entscheidung legt Zeugnis ab für einen Glauben: dass es besser ist, nach einem kurzen Leben im Dienst an anderen zu sterben, als nach einem langen Leben, das sich diesem Ruf verweigert. Deswegen haben in so vielen Ländern Menschen in den Türen gestanden und haben diesen Menschen in Dankbarkeit und Bewunderung applaudiert. Das sind die Heiligen von nebenan, die in unseren Herzen etwas ganz Wichtiges geweckt haben. Sie machen wieder glaubwürdig, was wir durch unsere Predigt zu verkünden suchen.

Sie sind die Antikörper gegen den Virus der Gleichgültigkeit. Sie erinnern uns, dass unser Leben ein Geschenk ist und dass wir wachsen, indem wir uns hingeben: nicht sich selbst bewahren, sondern sich im Dienst verlieren.

Was für ein Zeichen gegen den Individualismus und die Selbstbezogenheit und den Mangel an Solidarität, welche unsere wohlhabende Gesellschaft so sehr beherrschen! Können diese helfenden Menschen, die nun von uns gegangen sind, uns den Weg zeigen, wie wir jetzt die Welt wieder aufbauen müssen?

* * *

Wir, geliebte Geschöpfe unseres Schöpfers, des Gottes der Liebe, wurden in eine Welt hineingeboren, die es schon lange vor uns gab. Wir gehören zu Gott und zueinander, und wir sind Teil der Schöpfung. Und aus dieser Einsicht unseres Herzens muss die Liebe füreinander fließen, eine Liebe, die nicht verdient oder erworben werden kann, denn alles, was wir haben, ist ein unverdientes Geschenk.

Was hat uns vom Gegenteil überzeugt? Wie nur sind wir blind geworden für die Kostbarkeit der Schöpfung, für die Zerbrechlichkeit der Menschheit? Wie konnten wir die Gaben

Gottes und der anderen nur vergessen? Wie lässt sich erklären, dass wir in einer Welt leben, in der die Natur erstickt wird, in der sich Viren wie Lauffeuer verbreiten und unsere Gesellschaften zum Einsturz bringen, in der herzzerreißende Armut neben unvorstellbarem Reichtum besteht, wo ganze Völker wie die Rohingya auf den Abfall geworfen werden?

Was uns überzeugt hat, so glaube ich, ist der Mythos der Selbstgenügsamkeit, der uns einflüstert, dass die Erde nur dazu da ist, geplündert zu werden; dass andere dazu da sind, unsere Bedürfnisse zu befriedigen; dass das, was wir erworben haben oder was uns fehlt, das ist, was wir und andere uns verdient haben; dass die Belohnung für mich der Reichtum ist, auch wenn das bedeutet, dass das Schicksal der anderen die Armut ist.

Es sind Zeiten wie diese, wenn wir die radikale Ohnmacht erfahren, der wir uns nicht aus eigener Kraft entziehen können, in denen wir zur Besinnung kommen und die Selbstsüchtigkeit der Kultur, in die wir eingetaucht sind, erkennen; eine Selbstsüchtigkeit, die uns das Beste von dem, was wir sind, verweigert. Und wenn wir in solchen Augenblicken bereuen und wieder auf unseren Schöpfer schauen, und wenn wir uns gegenseitig anschauen, dann können wir uns an die Wahrheit erinnern, die Gott in unsere Herzen eingesenkt hat: dass wir zu Ihm und zueinander gehören.

Während des Lockdowns haben wir ein wenig von der Geschwisterlichkeit wiedergefunden, die unsere Herzen schmerzlich vermisst hatten. Vielleicht haben deswegen viele von uns die ungeduldige Hoffnung in sich gespürt, dass die Welt möglicherweise anders und dieser Wahrheit entsprechend geordnet werden könnte.

Wir haben die Bande mit unserem Schöpfer, mit der Schöpfung und mit unseren Mit-Geschöpfen vernachlässigt und schlecht behandelt. Aber die gute Nachricht ist, dass eine Arche auf uns wartet, um uns in ein neues Morgen zu bringen. Covid-19 ist unser Noah-Moment, unser Weg zur Arche, der uns die Bande erkennen lässt, die uns verbinden: die Liebe und die gemeinsame Zugehörigkeit.

In der Geschichte Noahs in der Genesis geht es nicht nur darum, wie Gott einen Weg aus der Zerstörung herauswies, sondern vor allem darum, was danach geschah. Die Neuschaffung menschlicher Gesellschaft bedeutete eine Rückkehr zu einem Respekt vor den Grenzen, zur Eindämmung des rücksichtslosen Strebens nach Reichtum und Macht, zur Sorge um die Armen und diejenigen, die am Rand leben. Die Einführung des Sabbat und das Jubeljahr – Zeiten der Erholung und Wiedergutmachung, des Schuldenerlasses und der Wiederherstellung von Beziehungen – waren der Schlüssel zu dieser Neuschaffung. Sie verschafften Zeit: der Erde, sich zu erholen, den Armen, neue Hoffnung zu finden, und den Menschen, ihre Seele wiederzufinden.

Das ist die Gnade, die sich uns in dieser Zeit anbietet, das Licht in den Beschwerlichkeiten. Lass uns das nicht wegwerfen!

* * *

Manchmal fühle ich mich überwältigt, wenn ich an die Herausforderungen denke, die vor uns liegen. Aber ich bin niemals ohne Hoffnung. Wir werden begleitet. Wir werden gesiebt, das ja, und es ist schmerzhaft; viele von uns fühlen sich machtlos und sogar ängstlich. Aber es gibt in dieser Krise auch eine Chance, besser aus ihr hervorzugehen.

Was der Herr von uns heute erwartet, ist eine Kultur des Dienens und nicht die Wegwerf-Kultur. Wir können aber anderen nicht dienen, wenn wir ihre Wirklichkeit nicht zu uns sprechen lassen.

Um dorthin zu kommen, musst du deine Augen öffnen und das Leiden um dich herum dich berühren lassen, sodass du hörst, wie der Geist Gottes zu dir von den Rändern her spricht. Deswegen möchte ich dich vor drei zerstörerischen Wegen der Wirklichkeits-Vermeidung warnen, welche Wachstum, die Verbindung zur Wirklichkeit und ganz besonders das Handeln des Heiligen Geistes blockieren. Ich denke dabei an Narzissmus, Entmutigung und Pessimismus.

Der *Narzissmus* lässt dich vor den Spiegel treten und auf dich selber schauen, sodass sich alles nur um dich dreht. Du bist so sehr in das von dir selbst geschaffene Bild verliebt, dass du am Ende darin ertrinkst. Nachrichten sind nur dann gut, wenn sie gut für dich persönlich sind; und wenn sie schlecht sind, dann deswegen, weil du der Hauptleidtragende bist.

Die *Entmutigung* führt dich zum Jammer und zur Klage über alles, sodass du nicht mehr siehst, was um dich herum ist und was andere dir anbieten, sondern nur das, was du meinst, verloren zu haben. Entmutigung führt zu Traurigkeit im geistlichen Leben, die wie ein Wurm ist, der von innen heraus nagt. Irgendwann bist du in dich selbst eingesperrt und kannst nichts mehr über dich selbst hinaus sehen.

Und dann ist da der *Pessimismus*, der wie eine Tür ist, die du vor der Zukunft und vor dem, was sie bringt, verschließt.

Eine Tür, die du dich weigerst zu öffnen, weil ja eines Tages etwas Neues auf deiner Schwelle stehen könnte.

Das sind drei Eigenschaften, die dich blockieren, dich lähmen und dich davon abhalten, voranzugehen. Im Grunde geht es bei ihnen allen um Illusionen, die die Wirklichkeit verbergen, anstatt das zu zeigen, was wir alle erreichen könnten. Um ihnen zu widerstehen, musst du dich dem Kleinen und Konkreten widmen, den positiven Dingen, die du tun kannst, ganz gleich ob du nun Hoffnung säst oder dich für Gerechtigkeit einsetzt.

Eine meiner Hoffnungen für die gegenwärtig durchlebte Krise ist, dass wir wieder in Kontakt mit der Wirklichkeit kommen. Solch eine Hoffnung mag merkwürdig klingen in einer Zeit, in der wir uns *nicht begegnen können*. Wir müssen vom Virtuellen zum Realen kommen, vom Abstrakten zum Konkreten, vom Adjektiv zum Substantiv. Es gibt viele echte Schwestern und Brüder aus Fleisch und Blut, Menschen mit Namen und Gesichtern, benachteiligt auf eine Art und Weise, die wir hinter unseren Mauern nicht sehen oder erkennen konnten, weil wir so mit uns selbst beschäftigt waren. Aber einige dieser Augenbinden sind nun weggefallen und wir haben die Chance, mit neuen Augen zu sehen.

Die Krise hat die Wegwerf-Kultur sichtbar werden lassen. Die Covid-Maßnahmen haben sichtbar gemacht, wie viele unserer Schwestern und Brüder weder ein Zuhause haben, in dem soziale Distanz möglich wäre, noch frisches Wasser zum Waschen. Denk an die vielen Menschen, die in unseren Städten aufeinander hocken, den *villas miseria*, wie wir sie in Argentinien nennen, den Slums und Elendsvierteln an so vielen Orten auf der ganzen Welt. Denk an die Auffanglager für

Migranten und an die Flüchtlingslager, wo Menschen Jahre verbringen, unwillkommen, wo immer sie auch sind, zusammengepfercht. Denk daran, wie ihnen die grundlegendsten Rechte verweigert werden: auf Hygiene, auf Essen, auf ein würdiges Leben. Denke darüber nach, wie Flüchtlingslager Träume von einer besseren Zukunft in Folterkammern verwandeln.

Während der Pandemie habe ich in Gesprächen mit Priestern aus Elendsvierteln immer wieder gefragt: Wie soll eine Familie in einem Elendsviertel »social distancing« beachten, um Ansteckung zu verhindern? Wie sollen sie ohne sauberes Wasser die Gesundheits-Regeln beachten? Die Krise deckt diese Ungerechtigkeiten auf. Was werden wir dagegen tun?

Wenn Covid in einem Flüchtlingslager auftritt, kann es zu einer echten Katastrophe führen. Ich denke zum Beispiel an die Lager auf Lesbos, die ich 2016 mit meinen Brüdern Bartholomäus und Hieronymos besucht habe[2], und an Filme, die ich gesehen habe, über die Ausbeutung von Migranten in Libyen. Wir müssen uns fragen: Geht es bei diesem Drama nur um Covid oder geht es nicht auch darum, was Covid aufgedeckt hat? Ist es nur eine Pandemie und ein wirtschaftlicher Zusammenbruch, oder geht es nicht auch darum, den Blick zu weiten, und um die Art und Weise, wie wir all diese menschlichen Dramen wahrnehmen?

Schau dir die UNO-Statistiken über Kinder in Afrika ohne Schulbildung an, über hungrige Kinder im Jemen und viele andere tragische Fälle. Schau nur auf die Kinder! Es ist klar, dass wir nun, da wir von Covid aufgehalten werden, über all dies nachdenken müssen. Was mir Sorgen macht ist, dass jetzt schon Pläne im Gange sind, die sozio-ökonomische Struktur von vor Covid wiederherzustellen und dabei all diese Tragödien zu ignorieren.

Wir müssen Wege finden, wie die Beiseitegeworfenen zum Handeln kommen, damit sie zu Akteuren einer neuen Zukunft werden. Wir müssen die Menschen in ein gemeinsames Projekt einbinden, das nicht nur der kleinen Zahl von Menschen zugutekommt, die regieren und Entscheidungen treffen. Aufgerüttelt von Covid müssen wir die Art und Weise ändern, wie die Gesellschaft selbst funktioniert.

Wenn ich von Wandel spreche, meine ich nicht nur, dass wir uns besser um diese oder jene Gruppe Menschen kümmern müssen. Ich meine, dass die Menschen, die im Augenblick noch am Rand sind, die Protagonisten des sozialen Wandels werden.

Das ist es, was ich auf dem Herzen habe.

* * *

Betrachten wir eines der großen Hindernisse für Veränderung, und zwar die existenzielle Kurzsichtigkeit. Sie lässt uns auf Sicherheit bedacht sein bei dem, was wir sehen wollen. Bei der existenziellen Kurzsichtigkeit geht es immer darum, an etwas festzuhalten, was wir uns nicht loszulassen trauen. Covid hat jene andere Pandemie demaskiert, den Virus der Gleichgültigkeit, das Ergebnis des dauernden Wegschauens und des Sich-Einredens, dass, weil es keine sofortige oder magische Lösung gibt, es besser ist, gar nichts zu fühlen.

Wir sehen das auch in der Geschichte des armen Lazarus im Lukas-Evangelium. Der reiche Mann war sein Nachbar, er wusste genau, wer Lazarus war, sogar seinen Namen. Aber er war gleichgültig, es war ihm egal. Für den reichen Mann war Lazarus' Unglück dessen eigene Angelegenheit. Wahrscheinlich hat er ihn bei jeder Begegnung an der Tür bedauert und ihn über den Abgrund der Gleichgültigkeit hinweg angeschaut. Er kannte das Leben des Lazarus, ließ sich davon aber nicht bewegen. Das ist es, was am Ende einen Bruch zwischen der Gleichgültigkeit, die wir empfinden, auf der einen Seite und unseren Gedanken auf der anderen Seite schafft. Daher beurteilen Menschen Situationen ohne Empathie, ohne die Fähigkeit, eine Zeit lang in den Schuhen des anderen zu gehen.

Hier in Rom habe ich eine Fotoausstellung gesehen. Eines der Fotos hatte den Titel: »Gleichgültigkeit«. Eine Frau verlässt im Winter ein Restaurant, warm angezogen gegen die Kälte: Ledermantel, Hut, Handschuhe und all die anderen Kleidungsstücke der Wohlhabenden. An der Tür des Restaurants sitzt eine Frau auf einer Kiste, arm angezogen, zitternd auf der Straße, die Hand zur herauskommenden Frau ausgestreckt, die woanders hinschaut. Dieses Foto hat viele Menschen angerührt.

Hier in Italien hört man Menschen oft *che me ne frega* sagen, wenn du ein Problem hast. Es bedeutet so viel wie die Frage: »Und? Was hat das mit mir zu tun?« In Argentinien sagen wir: *y a mí qué?* Das sind kleine Worte, die eine Mentalität offenbaren. Einige Italiener sagen, dass man eine gesunde Dosis von *Menefreghismo* brauche – vielleicht als Wurstigkeit oder Ist-mir-egal-Haltung zu übersetzen –, um durchs Leben zu kommen, denn wenn man sich immer Sorgen mache über das, was man sehe, dann komme man nie dazu, sich zu entspannen. Diese Haltung führt dazu, dass die

Seele gepanzert wird, dass Gleichgültigkeit sie kugelsicher macht, sodass bestimmte Dinge einfach an ihr abprallen. Eine Gefahr dieser Gleichgültigkeit ist, dass sie zur Normalität wird und still und heimlich in unseren Lebensstil und unsere Werte einsickert. Wir dürfen uns an Gleichgültigkeit nicht gewöhnen.

Die Haltung des Herrn ist völlig anders, das genaue Gegenteil. Gott ist niemals gleichgültig. Gottes Wesen ist die Barmherzigkeit und das bedeutet nicht nur sehen und betroffen sein, sondern handeln. Gott erkennt, fühlt und kommt uns entgegen. Er wartet nicht nur. Immer dann, wenn in der Welt jemand direkt, nah, herzlich und Anteil nehmend reagiert und eine Antwort bietet, dann ist da Gottes Geist.

Gleichgültigkeit blockiert den Geist, indem sie uns vor den Möglichkeiten verschließt, die Gott uns anbieten will, Möglichkeiten, die unsere geistigen Pläne und Kategorien überfluten. Gleichgültigkeit lässt dich die Bewegungen des Geistes nicht spüren, welche diese Krise in unseren Herzen hervorrufen muss. Sie blockiert die Chancen einer Unterscheidung. Eine gleichgültige Person ist verschlossen für die neuen Dinge, die Gott uns anbietet.

Deswegen müssen wir uns unserer Ist-mir-egal-Haltung bewusst werden und uns für die Schicksale öffnen, die uns von allen Enden der Welt erreichen.

Wenn das passiert, dann werden wir von Zweifeln und Fragen nur so überflutet: Wie antworten? Was können wir tun? Wie kann ich helfen? Was verlangt Gott jetzt von uns?

Indem wir diese Fragen stellen – nicht rhetorisch, sondern still und mit aufmerksamem Herzen, vielleicht vor einer angezündeten Kerze sitzend –, öffnen wir uns für das Handeln des Geistes. Wir können beginnen zu unterscheiden, neue Möglichkeiten sehen, wenigstens in den kleinen Dingen um uns herum oder in den alltäglichen Dingen, die wir tun. Und indem wir uns diesen kleinen Dingen überlassen, beginnen wir, uns eine neue Weise des gemeinsamen Lebens vorzustellen, des Dienstes an unseren geliebten Mitgeschöpfen. Wir können anfangen, von wirklichem Wandel zu träumen, einem Wandel, der möglich ist.

* * *

In diesen schwierigen Zeiten schöpfe ich Hoffnung aus den letzten Worten Jesu im Matthäus-Evangelium: »Und siehe, ich bin mit euch alle Tage bis zum Ende der Welt« (MATTHÄUS 28,20). Wir sind nicht alleine. Deswegen brauchen wir auch keine Angst davor zu haben, in die Dunkelheit der Probleme und des Leidens hinabzusteigen. Wir wissen, dass wir die Antworten nicht fertig und sauber abgepackt mit uns tragen, und doch vertrauen wir auf den Herrn, dass er uns Türen öffnet, von denen wir gar nichts wussten.

Natürlich zögern wir. Wer ist nicht gehemmt angesichts von so viel Leid? Es ist in Ordnung, ein wenig zu zittern. Ein wenig Angst vor der Aufgabe kann sogar ein Zeichen des Heiligen Geistes sein. Wir fühlen uns einerseits von der Aufgabe überfordert, andererseits aber auch zu ihr gerufen. Da ist eine Wärme in unseren Herzen, die uns darin bestärkt, dass der Herr uns bittet, Ihm nachzufolgen.

Wenn wir uns Entscheidungen und Widersprüchen stellen müssen, öffnet uns die Frage nach dem Willen Gottes unerwartete Möglichkeiten. Diese neuen Möglichkeiten möchte ich als »Überfließen« beschreiben, weil sie die Ufer unseres Denkens durchbrechen. Überfließen geschieht immer dann, wenn wir die Herausforderungen, vor denen wir stehen, demütig vor Gott halten und um Hilfe bitten. Wir nennen das die »Unterscheidung der Geister«, weil es darum geht zu erkennen, was von Gott stammt und was darauf aus ist, Seinen Willen zu vereiteln.

In eine Unterscheidung einzutreten bedeutet, sich dem Bedürfnis nach scheinbarer Entlastung durch eine schnelle Entscheidung zu entziehen und stattdessen verschiedene Optionen vor den Herrn zu halten, auf das Überfließen wartend. Du wägst Gründe für und gegen ab, immer in dem Wissen, dass Jesus mit dir und für dich ist. In dir spürst du die sanfte Anziehungskraft des Geistes, und auch sein Gegenteil. Und im Laufe der Zeit, durch Gebet und Geduld, im Dialog mit anderen, kommst du zu einer Entscheidung, die kein Kompromiss ist, sondern etwas völlig anderes.

Ich möchte das klar sagen: In einem christlichen Leben, wenn du nach Gottes Willen fragst, dann kann es keine Kompromisslösungen geben. Bedeutet das, dass Christen niemals Kompromisse schließen können? Natürlich nicht, manchmal ist der Kompromiss das Einzige, was man tun kann, um einen Krieg oder ein anderes Unglück zu vermeiden. Aber ein Kompromiss *löst* keinen Widerspruch oder Konflikt. In anderen Worten, es ist eine vorläufige Lösung, eine Art Wartestellung, die es einer Situation erlaubt, so weit zu reifen, dass sie zum richtigen Zeitpunkt durch einen Weg der Unterscheidung auf der Suche nach Gottes Willen gelöst werden kann.

* * *

Während des Lockdowns waren die Berichterstattungen und die sozialen Medien unser wichtigstes Fenster zur Welt, im Guten wie im Schlechten.

Journalisten hatten eine Schlüsselrolle beim Verstehen dessen, was passierte, und beim Ausbalancieren der verschiedenen Einschätzungen und Meinungen. Die besten Reporter haben uns an die Ränder gebracht und gezeigt, was dort passierte, und uns mitfühlen lassen. Das ist die edelste Form des Journalismus, die uns dabei hilft, unsere existenzielle Kurzsichtigkeit zu überwinden und für uns Räume der Diskussion und Debatte zu öffnen. Ich möchte meine Wertschätzung für die Medien ausdrücken, die uns in der Krise davor bewahrt haben, in Gleichgültigkeit zu fallen.

Aber die Medien haben auch ihre Pathologien: Desinformation, Verleumdung und eine Faszination für Skandale. Einige Medien sind in einer Post-Wahrheits-Kultur gefangen, in der Tatsachen weniger zählen als Wirkung und in der Narrative ein Mittel sind, Macht auszuüben. Die korruptesten Medien sind die, welche ihren Lesern und Zuschauern dadurch schmeicheln, dass sie ihnen erzählen, was sie hören wollen, und die dabei die Tatsachen zugunsten von Vorurteilen und Furcht verzerren.

Einige Medien haben diese Krise benutzt, um Menschen davon zu überzeugen, dass die Schuld an allem bei Ausländern liege und dass der Coronavirus nicht schlimmer sei als ein kleiner Grippeanfall, dass alles sehr schnell wieder wie vorher sein werde und dass die zum Schutz der Menschen notwendigen Restriktionen die übergriffige Forderung eines sich einmischenden Staates seien. Es gibt auch Politiker, welche mit diesen Narrativen für ihre eigenen

Interessen hausieren gehen. Aber sie hätten keinen Erfolg, gäbe es nicht einige Medien, die diese erschaffen und verbreiten würden.

Medien hören auf diese Weise auf, zu vermitteln, und werden zu einer Art Zwischenhändler mit eigenen Gewinninteressen. Sie verschleiern den Blick auf die Wirklichkeit. Leider ist dieses Phänomen auch sogenannten katholischen Medien nicht fremd, die behaupten, die Kirche vor sich selbst zu schützen. Eine Berichterstattung, welche die Fakten zur Untermauerung der eigenen Ideologie neu ordnet, ist ein Journalismus, der unser soziales Gefüge ausfransen lässt.

Wie wir es selber in der jüngsten Zeit erlebt haben: Ein Medium kann in keinem Fall das menschliche Bedürfnis nach direktem Kontakt mit geliebten Menschen und der Wirklichkeit befriedigen; nichts bietet einen Ersatz für die direkte Auseinandersetzung mit der Komplexität der Erfahrungen anderer Menschen. Kommunikation ist mehr als nur Verbindung, und sie ist dort am fruchtbarsten, wo es Bande des Vertrauens gibt: Gemeinschaft, Geschwisterlichkeit und physische Präsenz.

Social distancing ist eine notwendige Antwort auf die Pandemie, aber sie kann nicht andauern, ohne unsere Menschlichkeit auszuhöhlen. Wir sind nicht nur für Verbindungen, sondern zu Kontakt geboren.

Es ist riskant, dies zu sagen, weil ich missverstanden werden könnte, aber die am meisten benötigte Kommunikation ist die Berührung. Der Coronavirus hat uns Angst gemacht, Menschen zu umarmen und ihnen die Hand zu schütteln. Wir sehnen uns nach der Berührung der Menschen, die wir lieben, aber genau diese Berührungen müssen wir zu ihrem und unserem eigenen Schutz unterlassen. Berührung ist ein tiefes menschliches Bedürfnis.

Während der Generalaudienzen am Mittwoch gehe ich nach meiner Ansprache immer unter die Leute. Dabei haben mich blinde Kinder gefragt: »Kann ich dich sehen?«, worauf ich »Klar, selbstverständlich« antwortete, ohne sofort zu verstehen, was sie meinten. Aber dann habe ich verstanden, dass sie mein Gesicht berühren wollten, um den Papst »sehen« zu können. Berührung ist der einzige Sinn, den Technik bis jetzt nicht ersetzen konnte. Kein Apparat kann es diesen blinden Kindern ermöglichen, mich so klar zu »sehen«, wie sie es mit ihren Händen tun.

Ich bin sehr beeindruckt davon, wie viele Menschen in der Kirche auf die Pandemie mit neuen Weisen der Nähe zu den Menschen reagiert und sich dabei gleichzeitig an die Distanz-Regeln gehalten haben: Liturgien im live-stream, Fotografien von Gemeindemitgliedern in den Bänken, Treffen und Gebete auf digitalen Plattformen, Exerzitien online, Kontakte nur über das Telefon oder das Tablet, Videos, in denen Dutzende Sängerinnen und Sänger sich an einem wunderbaren Lied von zu Hause aus beteiligen. In der Kirche war das eine Zeit der erzwungenen Trennung voneinander, aber auch eine Zeit neuer kreativer Wege, als Volk Gottes zusammenzukommen.

Weil sie nicht mit ihren Gemeinden die Messe feiern konnten, gingen viele Priester von Haus zu Haus, um nach ihrer Gemeinde zu sehen, oder nutzten die Telefon-Seelsorge, um diese Nähe zum Volk nicht zu verlieren. Einige sind für ältere Menschen in Selbst-Isolation einkaufen gegangen. In dieser

Zeit habe ich eine lebendige Kirche gesehen; das Zeugnis war außergewöhnlich.

* * *

Das Internet hat es uns ermöglicht, miteinander in Kontakt zu treten und zu kommunizieren, aber es hat auch das Innenleben unseres Lebens und unserer Häuser verändert. Mit einigen habe ich über die Auswirkungen der digitalen Überbeanspruchung gesprochen, über die Erschöpfung, die sie empfunden haben, über das Gefühl, überfallen zu werden, niemals Erleichterung zu finden – »ein Leben online zu leben« in jeder Hinsicht. Das übermäßige dem Bildschirm Ausgesetztsein ist ein neues Phänomen, das wir sorgfältig untersuchen sollten.

So hat das social distancing zum Beispiel einige anfälliger für Online-Grooming und andere Arten des Missbrauchs gemacht. Wir sollten dieses Thema im Auge behalten und Übergriffe anzeigen.

In den vergangenen Jahren haben wir Gott sei Dank ein besonderes Bewusstsein für diese Probleme festgestellt. Die Kultur des Missbrauchs, sei es sexueller Art oder von Macht und Gewissen, wurde zuerst von den Opfern und ihren Familien angeprangert, die trotz ihres Leidens ihren Kampf für Gerechtigkeit führten und dazu beitrugen, die Gesellschaft auf diese Perversität aufmerksam zu machen und zu heilen.

Ich werde auch nicht müde, mit Trauer und Scham davon zu sprechen, dass diese Missbräuche auch von einigen Mitgliedern der Kirche begangen wurden. In den vergangenen Jahren haben wir wichtige Schritte unternommen, um Missbräuche abzustellen und eine Kultur der Fürsorge zu schaffen, die rasch auf Anschuldigungen reagieren kann. Die Schaffung einer Kultur der Fürsorge wird Zeit brauchen, sie ist aber eine unvermeidliche Verpflichtung, auf der wir mit aller Deutlichkeit bestehen müssen. Es darf keinen Missbrauch – sei es sexueller Art oder von Macht und Gewissen – mehr geben, weder innerhalb noch außerhalb der Kirche.

Wir haben dieselbe Bewusstwerdung überall in der Gesellschaft gesehen: in der #MeToo-Bewegung, in den vielen Skandalen um mächtige Politiker, Medienmacher und Geschäftsleute – Raubtiere unter Menschen. Eine Geisteshaltung wurde aufgedeckt: Wenn man alles haben kann, wann man will, warum dann nicht auch verletzliche junge Frauen sexuell ausnutzen, Frauen, die zu ihnen aufschauen und bestrebt sind, zu gefallen? Die Sünden der Mächtigen sind fast immer Sünden einer Anspruchshaltung, begangen von Menschen, deren Schamlosigkeit und dreiste Arroganz atemberaubend sind. In der Kirche ist dieses Gefühl der Anspruchshaltung das Krebsgeschwür des Klerikalismus, wie ich es nenne, eine Perversion dessen, wozu Priester berufen sind.

Aber in allen Fällen ist die Wurzel der Sünde die gleiche. Es ist die alte Sünde derer, die glauben, dass sie ein Recht darauf haben, andere zu besitzen, die keine Grenzen kennen und schamlos glauben, die anderen nach Belieben benutzen zu können. Es ist die Sünde, den Wert einer Person nicht zu respektieren.

Es gibt einen weiteren Machtmissbrauch, wie wir ihn in der schrecklichen Tötung von George Floyd durch Polizisten gesehen haben, eine Tat, die weltweit Proteste gegen Rassenungerechtigkeit auslöste. Es ist richtig und gerecht, dass Menschen ihre Würde bei allen Formen von Missbrauch zurückfordern. Missbrauch ist eine schwerwiegende Verletzung der Menschenwürde, die wir nicht zulassen können und gegen die wir weiterhin ankämpfen müssen.

Aber auch hier gilt wie bei allen guten Dingen, dass solches Erwachen des Bewusstseins manipuliert und kommerzialisiert werden kann. Ich tue das nicht, um Zweifel zu säen an den vielen echten und mutigen Versuchen, die Korruption durch Missbrauch aufzudecken und den Opfern eine Stimme zu geben. Ich tue es, um zu warnen, dass wir manchmal auch Schlechtes im Guten finden. Ich finde es traurig, dass es Rechtsanwälte gibt, die sich Opfern von Missbrauch nicht annehmen, um ihnen zu helfen, sondern um von ihnen zu profitieren.

Das Gleiche kann bei Politikern passieren. Von einem habe ich einmal einen Brief bekommen, in dem er mir berichtete, wie er Missbrauch durch den Klerus in seinem Land aufgedeckt habe. Eine gründliche Untersuchung durch die Justizbehörden später ergab, dass die gesamte Anklage unwahr war. Der Mann wollte sich durch die Aufdeckung von angeblichem Missbrauch selber als Helden darstellen. Später hat sich herausgestellt, dass er Gouverneur seines Staates werden wollte und versuchte, diese Vorwürfe zu benutzen, um Wählerstimmen zu bekommen.

Ein Unglück zum politischen oder sozialen Vorteil auszunutzen, zu übertreiben oder es zu verzerren, ist ebenfalls eine schwere Form des Missbrauchs, die eine Verachtung für den Schmerz der Opfer offenbart. Auch dies ist zu verurteilen.

* * *

Einige Proteste während der Corona-Krise haben einen zornigen Opfergeist gezeigt, aber in diesem Fall bei Menschen, die nur in ihrer eigenen Vorstellung Opfer sind: diejenigen etwa, die zum Beispiel behaupten, dass das Tragen von Masken eine nicht gerechtfertigte Zumutung durch den Staat sei. Sie vergessen oder ignorieren dabei diejenigen, die sich nicht auf eine Sozial- oder Gesundheitsversicherung verlassen können oder die ihre Arbeit verloren haben.

Von einigen Ausnahmen abgesehen haben die Regierungen große Anstrengungen unternommen, um das Wohlergehen ihrer Bevölkerung an erste Stelle zu setzen. Sie haben entschlossen gehandelt, um die Gesundheit zu schützen und Leben zu retten, und dies zu ihrer obersten Priorität gemacht. Die Ausnahmen waren einige Regierungen, die den schmerzhaften Beweis ansteigender Todeszahlen achselzuckend ignoriert haben, und das mit unausweichlichen und schweren Konsequenzen. Die meisten Regierungen aber haben dadurch, dass sie strikte Maßnahmen zur Eindämmung des Ausbruchs einführten, verantwortungsvoll gehandelt.

Aber einige Gruppen haben trotzdem protestiert. Sie weigern sich, Abstand zu wahren, und protestieren gegen Reisebeschränkungen – als ob die von den Regierungen auferlegten Maßnahmen zum Wohl der Menschen eine Art von politischem Angriff auf die Autonomie oder persönliche Freiheit bedeuteten! Der Blick auf das Gemeinwohl ist viel mehr als die Summe des Wohls der Einzelnen. Er bedeutet, auf alle Bürger Rücksicht zu nehmen und zu versuchen, sich wirksam für die Bedürfnisse der am wenigsten begünstigten Menschen einzusetzen.

Wir haben uns vorhin über Narzissmus unterhalten, über das Ego in der Rüstung, über Menschen, die mit Kummer leben und die nur an sich selber denken. Dabei handelt es sich um die Unfähigkeit zur Einsicht, dass wir nicht alle über dieselben Möglichkeiten verfügen. Es ist allzu leicht für einige Menschen, eine Idee zu nehmen – in diesem Fall zum Beispiel die persönliche Freiheit –, diese in eine Ideologie zu verwandeln und so ein Prisma zu schaffen, durch das sie alles beurteilen.

Du findest solche Menschen nie dabei, gegen den Tod von George Floyd zu protestieren oder bei Demonstrationen dagegen, dass es so viele Elendsviertel gibt, in denen Kinder weder Wasser noch Bildung bekommen, oder weil es ganze Familien gibt, die ihr Einkommen verloren haben. Du wirst sie nicht finden, wie sie dafür protestieren, dass die unglaublichen Summen, die für Waffen ausgegeben werden, für das Wohl der ganzen Menschheit oder die Schulbildung jedes Kindes eingesetzt werden. Für solche Dinge würden sie niemals protestieren; sie sind unfähig, sich außerhalb ihrer kleinen Interessenswelt zu bewegen.

Auch hier können wir leider nicht über diejenigen in unserer Kirche hinwegsehen, die in die gleiche Denkweise verfallen. Einige Priester und Gläubige haben ein schlechtes Beispiel gegeben und den Sinn für Solidarität und Geschwisterlichkeit mit ihren übrigen Schwestern und Brüdern verloren. Was eigentlich ein Einsatz zum Schutz des Lebens war, das haben sie in einen Kampf der Kulturen verwandelt.

* * *

Diese Krise deckt unsere Verwundbarkeit auf, sie legt die falschen Sicherheiten bloß, auf denen wir unser Leben aufgebaut haben. Es ist eine Zeit der ehrlichen Reflexion, der Besinnung auf unsere Wurzeln.

Was mich bei den anti-rassistischen Protesten im Sommer 2020 beunruhigte, bei denen in etlichen Ländern viele Statuen historischer Persönlichkeiten umgeworfen wurden, ist der Wunsch, die Vergangenheit zu reinigen. Einige wollten auf die Vergangenheit die Version der Geschichte projizieren, wie sie sie jetzt gerne hätten. Dazu müssen sie auslöschen, was gewesen ist. Aber es ist andersherum. Für eine echte Geschichte braucht es Erinnerung und das verlangt von uns, dass wir die gegangenen Wege anerkennen, auch wenn sie beschämend sind. Die Amputation der Geschichte kann zum Verlust unseres Gedächtnisses führen, dabei ist dieses eines der wenigen Mittel, das wir gegen die Wiederholung der Fehler der Vergangenheit haben. Ein freies Volk ist ein Volk, das sich erinnert, das in der Lage ist, sich seine Geschichte zu eigen zu machen, anstatt sie zu leugnen, und das seine besten Lehren daraus ziehen kann.

Im 26. Kapitel des Buchs Deuteronomium schreibt Mose vor, was die Israeliten tun müssen, nachdem sie vom Land, das der Herr ihnen gegeben hat, Besitz ergriffen haben. Sie müssen die Erstlingsfrüchte des Landes als Opfer zum Priester bringen und ein Dankgebet sprechen, das an die Geschichte des Volkes erinnert. Das Gebet begann: »Mein Vater war ein heimatloser Aramäer.« Dann folgte eine Geschichte von Schande und Erlösung: wie die Vorfahren nach Ägypten gingen, dort als Fremde und Sklaven lebten, wie Gottes Volk seinen Namen anrief und aus Ägypten herausgeführt wurde, bis hinein ins Land.

Mit anderen Worten: Die Schmach unserer Vergangenheit ist Teil dessen, was und wer wir sind. Ich erinnere nicht daran, um frühere Unterdrücker zu loben, sondern um das Zeugnis und die Seelengröße der Unterdrückten zu ehren. Es besteht eine große Gefahr darin, sich an die Schuld anderer zu erinnern und dadurch die eigene Unschuld zu verkünden.

Natürlich ging es denen, die Statuen umwarfen, darum, auf das Unrecht der Vergangenheit aufmerksam zu machen und auf diese Weise denen die Ehrung zu verweigern, welche dieses Unrecht begangen hatten. Aber wenn ich die Vergangenheit durch die Linse der Gegenwart beurteile und versuche, diese Vergangenheit von ihrer Schande zu reinigen, dann riskiere ich, weitere Ungerechtigkeiten zu begehen und die Geschichte eines Menschen auf das Unrecht zu reduzieren, das er begangen hat.

Die Vergangenheit ist immer voller Schande. Lies nur den Stammbaum Jesu in den Evangelien, der – wie in allen Familien – einige Gestalten enthält, die wohl kaum Heilige waren. Jesus weist weder sie noch seine Geschichte ab, sondern nimmt sie auf und lehrt uns, es ebenso zu tun: die Schande der Vergangenheit nicht auslöschen, sondern anerkennen als das, was sie ist.

Natürlich wurden Statuen immer wieder niedergerissen und durch andere ersetzt, wenn das, wofür sie standen, nicht mehr für eine neue Generation spricht. Aber das sollte über den Konsens geschehen, durch Debatte und Dialog statt durch Gewalt. Dieser Dialog muss das Ziel haben, aus der Vergangenheit zu lernen, und nicht deren Verurteilung durch die Augen der Gegenwart. Betrachten wir die Vergangenheit kritisch, aber mit Einfühlungsvermögen, um zu verstehen, warum die Menschen das, was uns heute abscheulich erscheint, für selbstverständlich hielten. Wenn wir uns dann für die

Fehler damaliger Institutionen entschuldigen müssen, können wir das tun, aber immer mit Blick auf die Zeitumstände. Es ist nicht richtig, die Vergangenheit durch die Linse von heute zu beurteilen.

Nur weil etwas damals gerechtfertigt war, war es noch nicht recht. Aber so wie die Menschheit sich entwickelt, so bildet sich auch unser moralisches Gewissen fort. Die Geschichte ist das, was war, und nicht das, was wir wollen, dass sie gewesen ist. Wenn wir versuchen, eine ideologische Decke darüberzuwerfen, machen wir es uns so viel schwerer zu erkennen, was in unserer Gegenwart geändert werden muss, um in eine bessere Zukunft zu gelangen.

* * *

Lange Zeit dachten wir, wir könnten gesund bleiben, auch in einer kranken Welt. Aber die Krise hat uns noch einmal nahegebracht, wie wichtig es ist, für eine gesunde Welt zu arbeiten.

Die Welt ist ein Geschenk an uns. Die biblische Schöpfungsgeschichte hat einen immer wiederkehrenden Refrain: »Und Gott sah, dass es gut war« (GENESIS 1,12). »Gut« meint in Fülle, lebensspendend und schön. Schönheit ist das Eingangstor für ein ökologisches Bewusstsein. Wenn ich Haydns Werk *Die Schöpfung* höre, dann werde ich durch die Schönheit der geschaffenen Dinge in die Herrlichkeit Gottes versetzt. Am Ende, in dem langen Duett von Adam und Eva, begegnen dir ein Mann und eine Frau, die von der ihnen geschenkten Schönheit verzückt sind. Schönheit ist, wie die Schöpfung selbst, ein reines Geschenk, ein Zeichen des Gottes, der vor Liebe zu uns überströmt.

Wenn dir jemand, der dich liebt, ein schönes und wertvolles Geschenk macht, wie gehst du damit um? Es mit Verachtung zu behandeln bedeutet, den Geber mit Verachtung zu behandeln. Wenn man es schätzt, bewundert und pflegt man es; man verachtet es nicht; man respektiert den Geber und ist ihm dankbar. Der Schaden für unseren Planeten hat seinen Ursprung im Verlust dieses Bewusstseins von Dankbarkeit. Wir haben uns ans Besitzen gewöhnt, aber zu wenig ans Danken.

Mein eigenes Bewusstsein für diese Wahrheit begann während eines Treffens der Bischöfe Lateinamerikas im Mai 2007 im Wallfahrtsort von Aparecida, in Brasilien, Wurzeln zu schlagen. Ich war Mitglied in dem Komitee, welches das Schlussdokument des Treffens verfassen sollte, und zunächst war ich etwas verärgert darüber, dass die Brasilianer und Bischöfe aus anderen Ländern dort so viel über Amazonien im Text haben wollten. Es kam mir übertrieben vor.

Letztes Jahr berief ich eine Sondersynode zu Amazonien ein.

Was ist zwischen diesen beiden Momenten geschehen? Nach Aparecida habe ich viel gelernt. Zum Beispiel kaufte die Regierung einer bekannten Insel im Südpazifik Land in Samoa, um ihre Bevölkerung dorthin zu verlegen, weil die Insel in 20 Jahren unter Wasser stehen wird. Ein anderes Mal erzählte mir ein Missionar im Pazifik von einer Zeit, als er mit einem Boot unterwegs war und einen Baum aus dem Wasser ragen sah. Er fragte: Wurde dieser Baum ins Meer gepflanzt? Der Mann, der das Boot steuerte, sagte es ihm: Nein, das war einmal eine Insel.

* * *

Und so wurden mir durch viele Begegnungen, Gespräche und Anekdoten wie diese die Augen geöffnet. Es war wie ein Erwachen. In der Nacht sieht man nichts, aber nach und nach bricht die Morgendämmerung an und man sieht den Tag. Das war mein Prozess: heiter und ruhig, durch Informationen, die mir nach und nach bewusst wurden, bis ich von der Ernsthaftigkeit der Sache überzeugt war. Besonders hilfreich waren die Schriften des Patriarchen Bartholomäus zu diesem Thema. Es war ein Anliegen, über das ich mit anderen zu sprechen begann, und das hat mir geholfen. Indem wir unsere Sorgen teilten, begannen wir Horizonte und Grenzen zu sehen.

So ist mein ökologisches Bewusstsein entstanden. Ich sah, dass es von Gott kam, denn es war eine spirituelle Erfahrung, wie sie der heilige Ignatius als Tropfen auf einen Schwamm beschreibt: sanft, still, aber eindringlich. Langsam, wie bei Tagesanbruch, begann eine ökologische Vision zu wachsen. Ich begann, die harmonische Einheit von Mensch und Natur zu sehen, und wie das Schicksal der Menschheit untrennbar mit dem unseres gemeinsamen Hauses verbunden ist.

* * *

Es ist ein Bewusstsein, keine Ideologie. Es gibt grüne Bewegungen, die ökologische Erfahrung in Ideologie verwandeln, aber ein ökologisches Bewusstsein ist genau dies: ein Bewusstsein, keine Ideologie. Es bedeutet, sich bewusst zu sein, was für das Schicksal der Menschheit auf dem Spiel steht.

Nach meiner Wahl zum Papst habe ich dann Experten für Klima- und Umweltwissenschaften gebeten, die besten verfügbaren Daten über den Zustand unseres Planeten zusammenzutragen. Anschließend bat ich einige Theologen, über diese Daten nachzudenken, und zwar im Dialog mit Experten auf diesem Gebiet aus der ganzen Welt. Theologen und Wissenschaftler haben ihre Köpfe zusammengesteckt, bis sie zu einer Synthese kamen.

Während daran gearbeitet wurde, fuhr ich 2014 nach Straßburg, um vor dem Europarat zu sprechen. Präsident Hollande schickte seine damalige Umweltministerin Segolène Royal, um mich zu empfangen. Während wir uns am Flughafen unterhielten, sagte sie mir, sie habe erfahren, dass ich an einer Enzyklika über den Schutz der Umwelt arbeite. Ich erzählte ihr davon, und sie sagte: »Bitte veröffentlichen Sie sie vor dem Treffen der Staatschefs im Dezember 2015 in Paris.«[3] Sie wollte, dass das Treffen ein Erfolg wird. Und das war es, auch wenn einige Politiker später Angst bekamen und ihre Zustimmung zu den Ergebnissen zurückzogen. Es ist wichtig, dass die Kirche sich in diesem lebenswichtigen, notwendigen Prozess Gehör verschafft: Unser Glaube verlangt es.

Laudato Si' ist keine grüne Enzyklika. Es ist eine Sozialenzyklika. Das Grüne und das Soziale gehen Hand in Hand. Das Schicksal der Schöpfung ist an das Schicksal der ganzen Menschheit gebunden. Wenn ich auf dem Petersplatz Audienzen gebe, grüße ich die drei oder vier Reihen der Kranken, die dort sind. Besonders im Fall der Kinder frage ich: »Was hat er oder sie?« Ich würde sagen, dass es in etwa 40 Prozent der Fälle »ungewöhnliche Krankheiten« sind, die durch eine Vernachlässigung der Umwelt verursacht werden: die schlechte Entsorgung von Abfall, der rücksichtslose Einsatz von Pestiziden, die ständig weiterentwickelt werden. All diese Dinge führen unter anderem dazu, dass Menschen krank werden und die Zukunft der kommenden Generationen verpfändet wird. Oft wissen die Ärzte einfach nicht, wie sie diese Krankheiten behandeln sollen. Wenn es sich um eine ungewöhnliche Krankheit handelt, haben sie eine gute Vorstellung davon, woher sie kommt, können sie aber nicht behandeln, weil es keine Medikamente gibt. Für Labors ist es nicht rentabel, Medikamente für einen kleinen Patientenkreis zu entwickeln.

Heutzutage kann man keinen Apfel mehr essen, ohne ihn vorher zu schälen, damit er nicht schadet. Ärzte raten Müttern, ihren Kindern bis zum Alter von vier Jahren kein Hähnchenfleisch aus Mastbetrieben zu geben, weil die Tiere mit Hormonen gemästet wurden und die Gesundheit der Kinder dadurch aus dem Gleichgewicht bringen können.

Es handelt sich also nicht um eine ideologische Sache. Es ist eine gefährliche Realität. Die Menschheit wird immer kränker, zusammen mit unserem gemeinsamen Haus, mit unserer Umwelt, mit der Schöpfung.

Vor einem Jahr traf ich Fischer aus der italienischen Stadt San Benedetto del Tronto, die mir von den Tonnen Plastik berichteten, die sie aus dem Meer gefischt hatten. Es handelt sich um eine Flotte von kleinen Booten, mit Besatzungen von nicht mehr als vielleicht sechs oder sieben Personen an Bord eines jeden Bootes. Dieses Jahr kamen sie wieder zu mir und erzählten mir, dass sie 24 Tonnen Müll hochgeholt hätten, von denen etwa die Hälfte – also 12 Tonnen – Plastik war. Sie haben es als eine Art Mission gesehen, ihn nicht wieder ins Wasser zu werfen. Zusammen mit den Fischen sammeln sie also das Plastik und trennen es auf den Booten – was natürlich Geld kostet.

Laudato Si' verbindet den wissenschaftlichen Konsens über die Zerstörung der Welt mit unserer Selbstvergessenheit, unserer Ablehnung dessen, wer wir als Geschöpfe eines liebenden Schöpfers sind, in Seiner Schöpfung aber in Konflikt mit ihr lebend. Es ist die Traurigkeit einer Menschheit, die zwar reich an Know-how ist, der aber die innere Sicherheit fehlt, sich selbst als Geschöpfe der Liebe Gottes zu erkennen. Diese Erkenntnis des Geschöpfseins findet ihren Ausdruck in der gleichzeitigen Achtung vor Gott, voreinander und vor der Schöpfung.

Um über Schöpfung zu sprechen, braucht man Poesie und Schönheit. Neben der Schönheit gibt es die Harmonie, das Gefühl für eine Harmonie, die wir aufgeben, wenn wir uns auf einige Bereiche auf Kosten anderer Bereiche beschränken. Das Dasein wird einseitig, wenn wir uns auf das Technische und Abstrakte konzentrieren und unsere Wurzeln in der Natur verlieren. Wenn wir Mutter Erde vernachlässigen, verlieren wir nicht nur, was wir zum Überleben brauchen, sondern auch die Weisheit, gut miteinander zu leben.

Eine Menschheit, die ungeduldig mit den Grenzen ist, 1die die Natur uns lehrt, ist eine Menschheit, die es versäumt hat, die Macht der Technik zu beherrschen. Das bedeutet, dass Technologie nicht mehr unser Instrument ist, sondern zu unserem Herrn wird. Sie hat unsere Geisteshaltung verändert. Wie? Wir werden ungeduldiger mit Grenzen: Wenn es machbar ist und Gewinn bringt, dann sehen wir keinen Grund, es nicht zu tun. Wir beginnen, an Machbarkeit zu glauben und sie mit Fortschritt zu verwechseln, sodass alles, was unsere Kontrolle stärkt, als nutzbringend gesehen wird.

Unsere Sünde liegt darin, dass wir Werte nicht erkennen und dass wir das besitzen und ausnutzen wollen, was wir nicht als Geschenk schätzen. Die Sünde hat immer dieselbe Wurzel, nämlich die der Besessenheit und der Bereicherung auf Kosten anderer Menschen und der Schöpfung selbst. Es ist die gleiche sündige Denkweise, die wir gerade im Zusammenhang mit Missbrauch diskutiert haben. Die Sünde besteht in der Ausbeutung dessen, was nicht ausgebeutet werden darf, in der Entnahme von Reichtum (Macht oder Befriedigung), von woher man ihn nicht nehmen soll. Sünde ist die Ablehnung der Grenzen, welche die Liebe erfordert.

Deswegen habe ich in *Laudato Si'* von der verzerrten Geisteshaltung namens »technokratisches Paradigma« gesprochen. Es ist eine Geisteshaltung, die die Grenzen verachtet, welche die Werte anderer setzen. Mir ging es darum zu zeigen, dass eine ökologische Bekehrung notwendig ist, nicht nur um die Menschheit vor der Zerstörung der Natur zu bewahren, sondern auch vor der Zerstörung ihrer selbst. Und ich habe zu einer »integralen Ökologie« aufgerufen, einer Ökologie, die viel mehr ist als nur der Schutz der Natur. Es geht darum, füreinander zu sorgen als Mitgeschöpfe eines liebenden Gottes, und um alles, was das einschließt.

In anderen Worten: Wenn du denkst, dass Abtreibung, Euthanasie und die Todesstrafe akzeptabel sind, dann wird es dein Herz schwer haben, sich um die Vergiftung von Flüssen und die Zerstörung des Regenwaldes zu sorgen. Und umgekehrt stimmt es genauso. Auch wenn Menschen energisch behaupten, dass dies moralisch gesehen unterschiedliche Dinge sind: Solange sie behaupten, dass Abtreibung gerechtfertigt ist, aber die Versteppung nicht, oder dass Euthanasie falsch ist, aber verschmutzte Flüsse nun einmal der Preis für wirtschaftlichen Fortschritt sind, so lange werden wir in demselben Mangel an Integrität stecken bleiben, der uns dorthin gebracht hat, wo wir jetzt sind.

Covid-19 macht das meiner Meinung nach offensichtlich, jedenfalls für die Augen, die sehen wollen. Es ist eine Zeit für Integrität, für die Bloßstellung einer nur selektiven und ideologischen Moral. Es ist Zeit, die volle Tragweite dessen, was es heißt, Kinder Gottes zu sein, zu umfassen. Deswegen glaube ich, dass die Zukunft, die zu schaffen wir berufen sind, mit einer integralen Ökologie beginnen muss. Einer Haltung, welche den kulturellen und ethischen Verfall ernst nimmt, welcher Hand in Hand mit unserer ökologischen Krise geht. Der durch das technokratische Paradigma hervorgerufene Individualismus hat seine Folgen.

* * *

Jede Störung unseres täglichen Lebens löst eine ganze Reihe von Gefühlen und Reaktionen aus. Während des Lockdowns hat in einigen Fällen die häusliche Gewalt zugenommen, weil viele Menschen nicht mehr wissen, wie man zusammenlebt. Es gab eine beträchtliche Zunahme von Aggression, von sexuellem und physischem Missbrauch – sehr schmerzhafte Dinge. In anderen Fällen aber hat der Lockdown Gefühle von Geschwisterlichkeit an die Oberfläche gebracht, welche die Beziehungen gestärkt haben. Eltern konnten mehr mit Kindern spielen, Ehepartner konnten tiefer miteinander sprechen.

Eine »Unterbrechung« kann immer eine Zeit des Siebens sein, des reflektierenden Blicks auf die Vergangenheit. Es ist eine Zeit für die dankbare Erinnerung daran, wer wir sind, was uns gegeben wurde und wo wir vom Weg abgekommen sind.

Dies sind Momente im Leben, die reif sind für Wandel und Bekehrung. Jeder von uns hatte solche Momente der »Unterbrechung«, oder falls nicht, dann werden die eines Tages kommen: Krankheit, das Scheitern einer Ehe oder eines Geschäfts, eine große Enttäuschung oder ein Treuebruch. Wie im Covid-Lockdown generieren solche Momente eine Spannung, eine Krise, die offenbart, was in unseren Herzen ist.

In diesen Momenten brauchen wir Menschen, die uns begleiten. Viele von uns reagieren allergisch auf Ärzte, aber wenn du unnötiges Leiden oder noch schlimmere Schmerzen oder Krankheiten vermeiden willst, dann brauchst du Hilfe. Das Gleiche gilt für das Leiden an einer inneren oder persönlichen Krise, dann brauchst du weise Menschen, die selber durch das Feuer gegangen sind und die dir helfen können, dich in all dem zurechtzufinden, was da kommt.

In jedem persönlichen »Covid«, sozusagen jeder »Unterbrechung«, wird deutlich, was einen Wandel benötigt: unser Mangel an innerer Freiheit, die Götzen, denen wir gedient haben, die Ideologien, nach denen wir versucht haben zu leben, die Beziehungen, die wir vernachlässigt haben. Was ist die größte Frucht des persönlichen Covid? Ich würde sagen Geduld, besprengt mit einem gesunden Sinn für Humor, der uns erlaubt auszuhalten und Raum schafft für den Wandel.

Zwei biblische Gestalten fallen mir ein, deren Geschichten von persönlichen »Covids« uns beim Verstehen unserer eigenen helfen können. Zuerst ist da der Covid von Saulus/Paulus. Denk daran, was mit diesem Kämpfer geschehen ist, voller Eifer und Idealen! Empört über die Verfälschung des Judentums durch die Jünger Jesu war er entschlossen, diese zu vernichten. Er war von völliger Gewissheit und Klarheit erfüllt, als er mit einem Ereignis konfrontiert wurde, das alle seine Prioritäten umkehrte.

Seine Begegnung mit Christus warf ihn zu Boden, er erblindete und alles wurde anders. Er lebte nicht mehr für eine Idee, sondern für die Person, die er als den Herrn erkannt hatte. Aber so plötzlich das über ihn kam, so lange dauerte es auch, bis es sich durchgesetzt hatte. Er nahm Hilfe an, ließ sich läutern, ging nach Arabien und schließlich, vierzehn Jahre später, sprach er zu den Aposteln als der, den wir als Paulus kennen. Es ist auffallend, wie in der Bibel diese Prozesse mit einer Namensänderung einhergehen; es sind Prozesse, die eine neue Identität schmieden: von Saulus zu Paulus.

König David hatte drei starke Momente des Bruchs und der Krise, seine eigenen Covids. Zuerst versuchte er, seinen Ehebruch mit einem fürchterlichen Verbrechen zu kaschieren – er befahl den Tod des Urija, des Mannes der Batseba – aber am Ende sah er doch das Unrecht, das er angerichtet hatte, und bereute. Er stand wieder auf und begann von Neuem. Aber dann wurden Stolz und Selbstüberschätzung wieder übermächtig. Anstatt auf Gott zu vertrauen versuchte er, seine Macht über die Menschen zu vermehren, indem er sie zählen ließ. Er bereute später und bat um Barmherzigkeit für sein Volk und sagte zu Gott in etwa: »Bestrafe mich an ihrer Stelle, diese Menschen sind unschuldig.«

Und dann war der Covid, der Flucht Davids, als er von seinem Sohn Abschalom verraten wurde und gezwungen war, aus Jerusalem zu fliehen. Schimi verfluchte ihn und warf mit Steinen auf ihn und einer seiner Generäle sagte zu ihm: »Warum flucht dieser tote Hund meinem Herrn, dem König? Ich will hinübergehen und ihm den Kopf abschlagen« (2 SAMUEL 16,9), aber David hält ihn davon ab und sagt: »Lasst ihn fluchen! Sicherlich hat es ihm der HERR geboten« (2 SAMUEL 16,11). David demütigt sich selbst.

Diese biblischen Geschichten, die wir gemeinsam hören, zeigen uns, dass Krisen eine Zeit der Reinigung sind. Sie alle bringen uns an den gleichen Ort, zu einer Beschämung unserer Arroganz und einem Vertrauen in Gott.

Zwei weitere »Covid«-Geschichten aus der Bibel fallen mir ein, in denen die Krise aber nicht aus Sünde oder Unglück heraus geschieht, sondern aus der Vernachlässigung einer Gabe. Das ist Salomo und Simson geschehen. Beide hatten eine große Gabe erhalten: Salomo bekommt die große Weisheit, um die er gebeten hatte, und Simson seine enorme Stärke, die er braucht, um seine Feinde zu bekämpfen. Aber beide enden böse, weil sie ihre Gabe nicht in Ehren hielten.

Salomo war eine Erfolgsgeschichte, der weiseste, reichste Mann seiner Zeit. Die Königin von Saba sagte, dass sie noch nie einen so gut organisierten Palast gesehen hätte: erstaunliche Bankette und prächtige Kleidung, alles erste Klasse. Aber sie ist genauso beeindruckt von Salomos großer Weisheit. Er hatte Gott um die Gabe der Unterscheidung gebeten und sie bekommen. Daher die berühmte Geschichte seines Urteils über die beiden Frauen, die beide von sich sagen, Mutter desselben Kindes zu sein. Ganz Israel war erstaunt über die Weisheit, die Gott Salomo gegeben hatte.

Aber je größer sein Ego wurde, desto kälter wurde sein Herz. Er wurde zügellos, als ob die empfangenen Gaben seine Verdienste gewesen seien. Er wurde in allem lax, und das vor allem da, wo es keine Laxheit geben darf: bei der Anbetung Gottes, der Quelle seiner Gaben. Der heilige Gregor der Große erklärt, was hier geschieht, in seinem Buch *Moralia in Job*, in dem er den Charakter Ijobs reflektiert. Wenn eine schwache Person viel Lob bekommt – so Gregor –, dann freue sie sich nicht darüber, gesegnet zu sein, sondern darüber, für gesegnet gehalten zu werden. Und allmählich werde sie in ihrer Suche nach Applaus von Gott getrennt, und das genau dadurch, was anderen als gottgefällig erscheint.[4]

Mit Salomo geht es schlimm aus, er ist von Feinden umgeben und sein Königreich wird gespalten, ein bedauernswerter Mann. Und mit Simson ist es praktisch dasselbe: ein unglaublich starker Mann mit einer verhängnisvollen Schwäche – er lässt sich verführen. Nachdem er Delila sein Geheimnis verraten hat und sie ihn verrät, wird er gefangen genommen. Aber er gewinnt mit der Zeit seine Stärke und Identität zurück, nimmt sein Leben in Treue zu Gott wieder auf und endet mit einer Heldentat. Es gibt Leben nach der Krise, nach Covid.

Der Covid von Salomo und Simson ist eine Art positiver »Unterbrechung«, weil es uns vor Weltlichkeit und einer egoistischen Selbstzufriedenheit bewahrt, vor – wie man in Italien sagt – einem *benessere*. Ein selbstzufriedenes Leben bringt Sterilität. Der demografische Winter, den viele westliche Länder jetzt erleben, ist die Frucht dieses selbstgefälligen Wohlbefindens. Es ist für die Menschen schwer zu verstehen, wie dieses *benessere*, das doch wünschenswert erscheint, der

Zustand sein soll, aus dem wir dringend gerettet werden müssen. Aber genau das ist eine der wichtigsten Lehren, die wir aus dem Schicksal von Salomon und Simson ziehen können.

* * *

Ich selbst habe in meinem eigenen Leben »Covids« erlebt: meine Krankheit, Deutschland und Córdoba.

Als ich mit 21 Jahren krank wurde, war das meine erste Erfahrung von Begrenzung, Schmerz und Einsamkeit. Es veränderte meine Sicht auf das Leben. Für Monate wusste ich nicht, wer ich war und ob ich leben oder sterben würde. Auch die Ärzte wussten nicht, ob ich das überstehen würde. Ich erinnere mich noch daran, wie ich meine Mutter umarmte und sagte: Bitte sage mir, ob ich sterben muss. Das war im zweiten Jahr meiner Zeit im Priesterseminar von Buenos Aires.

Ich erinnere mich noch an das Datum: der 13. August 1957. Einer der Präfekten merkte, dass ich nicht irgendeine Erkältung hatte, die man mit Aspirin behandeln kann, und brachte mich ins Krankenhaus. Sofort wurden mir eineinhalb Liter Wasser aus der Lunge abgesaugt und ich blieb dort und kämpfte um mein Leben. Im folgenden November haben sie mich dann operiert und den oberen rechten Lungenflügel entfernt. Ich kann mitfühlen, wie es Menschen geht, wenn sie mit dem Coronavirus am Beatmungsgerät um Atem ringen.

Ich erinnere mich besonders gut an zwei Pflegerinnen in dieser Zeit. Eine war eine ältere Stationsschwester, eine Dominikanerin, die in Athen als Lehrerin gearbeitet hatte, bevor sie nach Buenos Aires geschickt wurde. Später habe ich erfahren, dass sie nach der ersten Untersuchung durch den Arzt und nachdem dieser gegangen war, den anderen Pflegerinnen gesagt hat, sie sollen die Dosis der Medikamente – Penicillin und Streptomycin – verdoppeln. Schwester Cornelia Caraglio hat mein Leben gerettet. Durch ihren regelmäßigen Kontakt mit Kranken verstand sie besser, was diese brauchten, und sie hatte den Mut, aus diesem Wissen heraus zu handeln.

Eine andere Pflegerin, Micaela, hat dasselbe getan, als ich starke Schmerzen litt. Sie verschrieb mir heimlich eine Extradosis Schmerzmittel, die ich außerhalb meines normalen Rhythmus nehmen sollte. Cornelia und Micaela sind nun im Himmel, aber ich werde ihnen für immer dankbar sein. Sie haben um mich gekämpft, bis zu meiner Heilung. Sie haben mich gelehrt, was es heißt, die Wissenschaft zu nutzen, aber auch zu wissen, wann man für besondere Bedürfnisse über sie hinausgehen muss.

Noch etwas anderes habe ich aus dieser Erfahrung gelernt, nämlich dass es wichtig ist, billigen Trost zu vermeiden. Mich haben Menschen besucht und gesagt, dass alles gut werde und dass ich mit all den Schmerzen nie wieder würde leiden müssen – wirklich dumme Sachen, leere Worte, gut gemeint, aber mein Herz haben sie nie erreicht. Am meisten hat mit ihrem tiefen Schweigen eine der Frauen zu mir gesprochen, die mir im Leben am wichtigsten war: Schwester María Dolores Tortolo. Sie hatte mich als Kind unterrichtet und mich auf die Erstkommunion vorbereitet. Sie besuchte mich im Krankenhaus, nahm meine Hand, gab mir einen Kuss, sagte lange gar nichts und schließlich: »Du tust es Jesus gleich.« Mehr musste sie gar nicht sagen. Ihre Gegenwart, ihre Stille, waren zutiefst tröstend.

Nach dieser Erfahrung habe ich die Entscheidung getroffen, bei Krankenbesuchen so wenig zu sagen wie möglich. Ich halte nur die Hände.

Diese schwere Erkrankung, die ich durchlebt habe, hat mir beigebracht, dass ich auf die Güte und die Weisheit anderer angewiesen bin. Andere Seminaristen kamen, um Blut zu spenden, um mich zu besuchen und bei mir zu sein; einer von ihnen saß Nacht für Nacht in dieser schwierigen Situation an meinem Bett. Das sind Dinge, die du nie vergisst. Wie ich aus diesem »Covid« herausgekommen bin? Besser, realistischer. Es hat mir den Raum gegeben, über meine Berufung neu nachzudenken. Ich hatte schon davor eine Berufung für das Ordensleben gespürt und hatte über die Salesianer, die Dominikaner, vielleicht die Jesuiten nachgedacht. Die Jesuiten hatte ich zuerst im Priesterseminar kennengelernt, weil es unter ihrer Leitung stand, und ich war von ihrem missionarischen Engagement beeindruckt. Während ich mich außerhalb des Seminars von meiner Lungenoperation erholte, hatte ich Raum und Zeit, über all dies nachzudenken und schließlich den Frieden zu erreichen, den ich brauchte, um eine endgültige Entscheidung zu treffen und der Gesellschaft Jesu, den Jesuiten, beizutreten.

Meine Zeit in Deutschland 1986 mag man den »Covid der Vertreibung« nennen. Es war eine freiwillige Entwurzelung, weil ich nach Deutschland gegangen war, um mein Deutsch zu verbessern und Material für meine Doktorarbeit zu suchen. Aber dort fühlte ich mich völlig fehl am Platz. Ich bin immer wieder auf den Friedhof in Frankfurt gegangen, um dort den Flugzeugen beim Starten und Landen zuzusehen, voller Heimweh. Ich erinnere mich noch an den Tag, an dem Argentinien die Fußballweltmeisterschaft gewann. Ich hatte das Spiel nicht gesehen und bekam das erst am nächsten Tag beim Zeitunglesen mit. Ich ging in meine Sprachschule und niemand sagte etwas, bis eine junge japanische Frau aufstand und VIVA ARGENTINA auf die Tafel schrieb. Alle fingen an zu lachen. Dann kam der Lehrer herein, sagte ihr, sie solle das wegwischen, und das war's.

Es war das Alleinsein im Triumph, den man nicht teilen kann, die Einsamkeit des Nicht-Dazugehörens, des Aus-dem-Gleichgewicht-geworfen-Werdens. Du wirst von dort weggenommen, wo du bist, und an einen Ort geschickt, den du nicht kennst. Und auf diesem Weg lernst du, was wirklich wichtig ist an dem Ort, den du zurückgelassen hast.

Manchmal kann die Entwurzelung eine Reinigung sein, ein radikaler Neubeginn. Bei meinem dritten Covid war das so, als ich zwischen 1990 und 1992 nach Córdoba geschickt wurde. Diese Zeit hatte ihre Wurzeln in der Art und Weise, wie ich erst als Provinzialoberer und dann als Rektor ein Studienhaus leitete. Ich habe bestimmt einige gute Dinge getan, aber ich konnte damals sehr harsch sein. In Córdoba bekam ich die Quittung dafür, und das war richtig so.[5]

Ich verbrachte ein Jahr, zehn Monate und dreizehn Tage in der Jesuitenniederlassung dort. Ich feierte die Messe, hörte Beichte und gab geistliche Begleitung, aber ich verließ fast nie das Haus, nur ab und zu, um zur Post zu gehen. Es war eine Art Lockdown, eine Selbstisolation, wie sie so viele in der letzten Zeit erleben mussten. Und es hat mir gutgetan. Es hat mir dabei geholfen, neue Ideen zu bekommen: Ich habe viel geschrieben und viel gebetet.

Bis dahin hatte ich eine geordnete Existenz in der Gesellschaft Jesu gelebt. Sie baute auf meiner Erfahrung in der Leitung auf, zuerst als Novizenmeister, dann von 1973 an, als ich zum Provinzial ernannt wurde, bis 1986, als meine Amtszeit als Rektor endete. Ich war an diese Lebensweise gewöhnt. Eine derartige Entwurzelung, wenn man dich vom Fußballfeld nimmt und auf die Ersatzbank setzt, dreht alles um. Deine Gewohnheiten, dein Reflexionsverhalten, die Bezugspunkte des Lebens, die sich über die Zeit entwickeln: Alles das wird auf den Kopf gestellt und du musst lernen, dein Leben neu zu leben, wieder zu den Waffen zu greifen.

Drei Dinge sind es, die mir beim Blick zurück besonders auffallen. Erstens, die Fähigkeit zum Gebet, die mir damals gegeben wurde. Zweitens, die Versuchungen, die ich erfahren habe. Und drittens – das Seltsamste von allen –, warum ich darauf gekommen bin, ausgerechnet alle 37 Bände von Ludwig Pastors *Geschichte der Päpste* zu lesen. Ich hätte ja auch einen Roman oder etwas anderes Interessantes lesen können. Aber wenn ich von heute aus zurückdenke, dann kann ich gar nicht anders als mich fragen, warum mich Gott zur Lektüre inspiriert hat? Es war, als ob Gott mich mit einer Art Impfung vorbereitet hätte. Wenn du einmal diese Papst-Geschichte kennst, dann kann dich wenig von dem, was im Vatikan und der Kirche heute passiert, noch schockieren. Es hat mir sehr geholfen!

Der Covid von Córdoba war eine wirkliche Läuterung. Er hat mir größere Toleranz, Verständnis, Fähigkeit zur Vergebung und eine neue Empathie für die Machtlosen geschenkt. Und Geduld, viel Geduld: Sie ist ja eine Frucht der Einsicht, dass gut Ding Weile haben will, dass Wandel organisch geschehen muss und dass es Grenzen gibt, innerhalb derer wir uns bewegen, während wir unsere Augen auf den Horizont richten, wie es Jesus getan hat. Ich habe gelernt, wie wichtig es ist, das Große in den kleinen Dingen zu sehen und das Kleine in den großen Dingen zu beachten. Es war in vielerlei Hinsicht eine Zeit des Wachsens, ein Wachsen, wie es nach einem starken Zurückschneiden geschieht.

Aber ich muss immer noch vorsichtig sein, denn wenn man erst in bestimmte Fehler, in bestimmte Muster der Sündhaftigkeit fällt und sich dann selbst korrigiert, dann kommt der Teufel, wie Jesus sagt, und da er das Haus »sauber und geschmückt« (LUKAS 11,25) findet, schickt er sieben andere Geister, die noch schlimmer sind als er selber. Dieser Mann, so sagt Jesus, endet schlimmer, als er am Anfang war. Ich muss mich bei der Leitung der Kirche davor hüten, in dieselben Fehler zu verfallen, die ich als Ordensoberer hatte.

Diese »zweite Versuchung« ist eine Spezialität von höflichen Dämonen. Wenn Jesus davon spricht, dass der Teufel sieben Dämonen schickt, schlimmer noch als er selber, dann sagt er: »Sie ziehen dort ein und lassen sich nieder.« In anderen Worten, wir lassen sie herein. Die klopfen an, sie sind höflich, sie sagen »entschuldigen Sie bitte« und »darf ich vielleicht?«, aber sie machen sich trotzdem im Haus breit. Jesus zeigt uns in dieser Textstelle die Versuchung in der Verkleidung eines Engels des Lichts.[6]

Die Rückkehr des Teufels in der Form einer Versuchung hat eine lange Tradition in der Kirche. Denk nur an den heiligen Antonius oder an die heilige Thérèse de Lisieux, die darum bat, dass Weihwasser um sie herum versprengt werde, weil der Teufel um sie herum sei und hoffe, dass sie letztlich doch noch fallen würde. In meinem Alter sollte ich besondere Brillengläser haben, um zu sehen, ob der Teufel um mich herum ist und hofft, dass ich doch noch falle. Denn dort bin ich angelangt: am Ende meines Lebens.

Das waren meine drei persönlichen Covids. Von ihnen habe ich gelernt, dass du viel leiden musst, aber dass du besser dort herauskommst, wenn du bereit bist, dich verändern zu lassen. Aber wenn du dich eingräbst, dann ergeht es dir nachher schlechter.

***

Im Augenblick sehe ich viel von diesem Eingraben. Wer am meisten davon profitiert, dass die Dinge so sind, wie sie sind, macht natürlich genau das. Es gibt Führungspersönlichkeiten, die darüber reden, hier und da ein paar Anpassungen vorzunehmen, aber im Grunde verfechten sie dasselbe System wie zuvor. Wenn sie von »Erholung« sprechen, dann meinen sie ein wenig Lack auf die Zukunft, sie wollen den Außenanstrich etwas aufbessern, aber dabei sichergehen, dass sich nichts wirklich ändert. Ich bin davon überzeugt, dass dies zu einem noch größeren Scheitern führen wird, und zwar zu einem, das eine gewaltige soziale Explosion auslösen wird.

Etwas Ähnliches ist nach der Finanzkrise 2008 passiert, als Regierungen Milliarden von Dollar ausgegeben haben, um die Banken und den Finanzmarkt zu und die Menschen ein Jahrzehnt der Entbehrung erleiden mussten. Dieses Mal können wir uns denselben Fehler nicht erlauben. Wenn wir die Wahl haben zwischen der Rettung von Menschenleben und dem Erhalt des Finanzsystems, was werden wir wählen? Und wenn wir nun in eine weltweite Rezession eintreten, werden wir die Wirtschaft dann den Bedürfnissen der Menschen und der Schöpfung anpassen, oder werden wir weitermachen und sie opfern, um den Status quo zu erhalten?

Für mich ist es klar: Wir müssen unsere Wirtschaft neu entwerfen, sodass sie jedem Menschen Zugang zu einem Leben in Würde gibt und gleichzeitig die Natur schützt und regeneriert.

Auf der anderen Seite sehe ich auch etwas, was mir Hoffnung gibt, und zwar eine Volksbewegung, die einen tief greifenden Wandel will, einen Wandel, der von den Wurzeln her kommt, von den ganz konkreten Bedürfnissen der Menschen. Das ist der tief greifende Wandel, den wir brauchen; ein Wandel, der von Menschen ausgeht, die in der Lage sind, sich zu treffen, zu organisieren und wirklich menschliche Vorschläge zu machen.

Mir fällt hier das Buch Nehemia ein. Nehemia verspürt den Ruf, Jerusalem wieder aufzubauen, und er überzeugt das Volk. Und das Volk erhebt sich gegen die Ungläubigen, die über sie herrschen, und sogar gegen die, welche gegen sie Krieg führen. Im vierten Kapitel gibt es einen Vers, der beschreibt, wie einige am Bau der Mauer arbeiten, während andere als Wachen zu ihrem Schutz eingesetzt sind: »Mit der einen Hand taten sie die Arbeit und mit der andern hielten sie die Waffe« (NEHEMIA 4,11). Ihnen war klar, dass sie ihre Zukunft verteidigen mussten, um nicht in die alten Tragödien zurückzufallen.

Besonders die ersten acht Kapitel des Buchs Nehemia können für uns viel Licht ins Dunkel bringen: Sie erzählen vom Einsatz für die Armen und die Wiederherstellung der Würde der Menschen bis hin zur Freude über das Erreichen dessen, was sie sich vorgenommen haben. Es ist diese Freude, welche die Menschen zu Tränen rührt, während sie der Verlesung des wiedergefundenen Buches der Gesetze Gottes zuhören, an deren Ende Nehemia den Menschen aufträgt, nach Hause zu gehen und zu feiern. Seid nicht traurig, sagt er, »die Freude am HERRN ist eure Stärke« (NEHEMIA 8,10). Diese Freude gibt uns die Stärke, weiterzumachen.

Heutzutage fehlt unseren Völkern Freude: Es gibt eine Traurigkeit, die weder Vergnügung noch Ablenkung lindern können. Wie kann irgendwer von uns fröhlich sein, solange ein Teil der Menschheit in schlimmstem Elend lebt und leidet? Aber gleichzeitig sehen wir ein Erwachen, einen Ruf nach Wandel und einen Sinn dafür, dass das, was war, noch nicht alles ist. Die Freude des Herrn ist ihre Stärke, aber sie wissen auch, dass noch ein weiter Weg vor ihnen liegt, bevor sie feiern und sich an der neuen Lebensweise freuen können.

Wir müssen heute vermeiden, in die alten individuellen und institutionellen Muster zurückzufallen, die zu Covid und den vielen Begleitkrisen geführt haben: die Hyperinflation des Individuellen in Verbindung mit schwachen Institutionen, die despotische Kontrolle der Wirtschaft durch einige wenige. Vor allem anderen sehe ich die Notwendigkeit, die Institutionen zu stärken, die eine lebenswichtige Reserve moralischer Energie und bürgerlicher Liebe darstellen.

Von allen Institutionen hat die Familie den größten Schlag erlitten. Sie hat ihre soziale Identität als »erste Gesellschaft« verloren oder sie ist zumindest verschwommen. Dort wird ein Mensch als Mitglied von etwas Größerem geformt, mit Rechten und Pflichten und Sicherheiten. Die Familie auszuhöhlen bedeutet, die Bande der Zugehörigkeit, von denen wir alle abhängen, unwiederbringlich zu schwächen. Du kannst das in der Tragödie der Trennung der Alten von den Jungen sehen. Es ist eine Intuition, aber ich glaube schon lange, dass große Dinge geschehen werden, wenn wir beiden Gruppen unsere Aufmerksamkeit schenken, sie von außen hereinholen und sie zusammenbringen.

Die Hyperinflation des Individuellen geht mit der Schwäche des Staates einher. Sobald die Menschen den Sinn für das Gemeinwohl verlieren, so zeigt die Geschichte, bleiben uns nur Anarchie oder Autoritarismus, oder beides zusammen: eine gewaltsame und instabile Gesellschaft. Und da sind wir schon angekommen: Denk nur an die Zahl der Menschen, die jedes Jahr in den Ländern Amerikas durch Schusswaffen sterben. Seit Ausbruch der Krise hat der Waffenkauf in den USA alle Rekorde gebrochen.

Ohne das »Wir« eines Volkes, einer Familie, der Institutionen, der Gesellschaft, ohne ein »Wir« welches das »Ich« der Eigeninteressen übersteigt, wird das Leben schnell brüchig und gewalttätig. Es wird ein Kampf um die Vorherrschaft zwischen Fraktionen und Interessen. Und wenn der Staat nicht mehr in der Lage ist, die Gewalt um des sozialen Friedens willen im Zaum zu halten, dann wird er am Ende zur Verteidigung seiner Interessen Gewalt schüren.

So weit sind wir noch nicht. Die Krise hat das Gefühl hervorgerufen, dass wir einander brauchen und dass es das Volk noch gibt. Jetzt ist der Augenblick für ein neues Nehemia-Projekt gekommen, einen neuen Humanismus, der die Aufbrüche von Geschwisterlichkeit nutzbar machen und der der Globalisierung der Gleichgültigkeit und der Hyperinflation des Individuellen ein Ende setzen kann. Wir müssen wieder das Gefühl haben, dass wir einander brauchen, dass wir eine Verantwortung für andere haben, auch für diejenigen, die noch nicht geboren sind, und für diejenigen, die nicht als Bürger gelten.

Wir können die Art und Weise unseres Zusammenlebens neu organisieren, um besser wählen zu können, worauf es ankommt. Wir können uns gemeinsam dafür einsetzen. Wir können lernen, was weiterbringt und was uns zurückwirft. Wir können wählen.

Eine Zeit zum Wählen

ZWISCHEN DEM ERSTEN SCHRITT, Nähe zu suchen und sich von dem betreffen zu lassen, was man sieht, und dem dritten Schritt, dem Schritt des konkreten Handelns, des Heilens und des Wiederherstellens, liegt der wesentliche zweite Schritt: das Unterscheiden und das Wählen. Eine Zeit der Probe ist immer eine Zeit der Unterscheidung der Pfade des Guten, welche in die Zukunft führen, von anderen Pfaden, welche nirgendwohin führen oder sogar rückwärts. Mit klarem Blick können wir uns besser für die ersteren entscheiden.

Für diesen zweiten Schritt brauchen wir nicht nur eine Offenheit für die Wirklichkeit, sondern auch einen stabilen Satz moralischer Werte, der uns leitet: das Wissen, dass wir von Gott geliebt sind, berufen ein Volk im Dienst und in Solidarität zu sein. Wir brauchen ebenfalls die Fähigkeit der stillen Reflexion, Rückzugsorte von der Tyrannei des Dringenden. Vor allem aber brauchen wir das Gebet, um die Eingebungen des Geistes hören und den Dialog in einer Gemeinschaft pflegen zu können, die uns halten und uns träumen lassen kann. So ausgestattet können wir die Zeichen der Zeit erkennen und uns für einen Weg entscheiden, der uns allen guttut.

Die Gauchos in Argentinien und die Cowboys in den Vereinigten Staaten haben denselben Rat für uns: »Wechsle nicht mitten im Rennen die Pferde.« In Zeiten der Prüfung musst du im Glauben fest stehen, treu zu dem, was zählt. Eine Krise ist fast immer die Folge einer Selbstvergessenheit, und der Weg vorwärts liegt im Wiederentdecken unserer Wurzeln.

Dies ist eine Zeit der Wiederentdeckung von Werten, im hergebrachten Sinn des Wortes: die Rückkehr zu dem, was wirklich wertvoll ist. Der Wert des Lebens, der Natur, der Würde des Menschen, der Arbeit, der Beziehung – alle diese Werte sind Schlüssel zum menschlichen Leben, die nicht aufgegeben oder geopfert werden können. Es erstaunt mich immer wieder, wenn ich höre, dass von »nicht verhandelbaren Werten« gesprochen wird. Alle echten Werte, alle menschlichen Werte, sind nicht verhandelbar. Kann ich sagen, welcher der Finger meiner Hand mehr Wert hat als die anderen? Wenn es ein Wert ist, dann kann dieser Wert nicht verhandelt werden.

Jesus gab uns eine Reihe von Schlüsselwörtern, mit denen er die Grammatik des Reiches Gottes zusammenfasste: die Seligpreisungen. Sie beginnen mit der Hoffnung auf die Fülle des Lebens für die Armen, auf Frieden und Geschwisterlichkeit, auf Fairness und Gerechtigkeit. Es ist eine Ordnung der Welt, in der Werte nicht verhandelt werden, sondern sakrosankt sind. Die Kirche hat in der Reflexion des Reiches Gottes und als Reaktion darauf, wie wir in der modernen Welt leben, eine Reihe von Reflexionsprinzipien entwickelt. Dazu kommen Beurteilungskriterien, die auch handlungsleitend sind. Diese Kriterien sind als Katholische Soziallehre bekannt. Obwohl in der Reflexion der Heiligen Schrift entstanden, sind diese Prinzipien für alle Menschen zugänglich, sie suchen die Frohe Botschaft ins Hier und Jetzt zu übersetzen und dynamisch zu machen.

Die Kriterien sind wirklich Ausdruck der Liebe, das heißt, sie versuchen, eine Dynamik in Gang zu setzen, die den Menschen die Erfahrung des Geliebtseins ermöglicht, insbesondere den Armen, die so ihren wahren Wert erfahren. Wenn also die Kirche von der *bevorzugten Option für die Armen* spricht, bedeutet das, dass wir immer im Auge behalten müssen, wie sich jede Entscheidung, die wir treffen, auf die Armen auswirken könnte. Es bedeutet außerdem, dass wir die Armen ins Zentrum unseres Denkens stellen müssen. Durch diese bevorzugte Option gibt uns der Herr eine neue Werte-Perspektive, mit der wir Ereignisse beurteilen können.

Ähnlich verhält es sich mit dem Gemeinwohl: Wenn die Kirche vom *Gemeinwohl* spricht, fordert sie uns auf, das Wohl der Gesellschaft als Ganzes zu berücksichtigen. Es reicht nicht, einen Ausgleich zwischen den einzelnen Gruppen und Interessen zu suchen oder das größtmögliche Wohlergehen für die größtmögliche Zahl von Menschen anzustreben, als ob das Wohl der Mehrheit andere Interessen ausstechen würde. Am Gemeinwohl haben wir alle teil, es ist das Wohl der Menschen als Ganzes, sowie auch die Güter, die wir gemeinsam haben und die für alle da sein sollten. Wenn wir uns für das Gemeinwohl einsetzen, verstärken wir das, was für alle gut ist.

Ein weiteres Prinzip der Soziallehre ist die *universelle Bestimmung der Güter*. Gott hat die Güter der Erde für alle bestimmt. Privatbesitz ist ein Recht, aber sein Gebrauch und seine Regelungen müssen das Grundprinzip beachten. Die Güter des Lebens – Land, Arbeit, Wohnraum – müssen für alle zugänglich sein. Das ist kein Altruismus oder guter Wille, das ist, was die Liebe von uns verlangt. Die frühen Kirchenväter haben klar gesagt, dass den Armen etwas zu geben bedeutet, ihnen zu geben, was ihnen gehört. Gott hat die Güter der Erde für alle bestimmt, ohne irgendjemanden auszuschließen.

Zwei weitere Prinzipien der Soziallehre spielen hier eine Rolle: *Solidarität* und *Subsidiarität*. Solidarität erkennt die Vernetzung unter uns an: Wir sind Geschöpfe in Beziehung, mit gegenseitigen Pflichten, und alle sind dazu berufen, an der Gesellschaft teilzuhaben. Das bedeutet, den Fremden willkommen zu heißen, die Schulden zu erlassen, Menschen mit Behinderung ein Zuhause zu geben und die Träume und Hoffnungen anderer Menschen auf ein besseres Leben zu unseren eigenen werden zu lassen. Subsidiarität dagegen stellt sicher, dass wir die Idee der Solidarität nicht verzerren, die darin besteht, die Autonomie der anderen als Subjekte ihres eigenen Schicksals anzuerkennen und zu respektieren. Die Armen sind nicht die Objekte unserer guten Absichten, sondern die Subjekte des Wandels. Wir handeln nicht für die Armen, sondern mit ihnen, wie Papst Benedikt XVI. es wunderbar im zweiten Teil seiner Enzyklika *Deus Caritas Est* (›Gott ist Liebe‹, 2007) dargelegt hat.

Wie wenden wir nun diese großherzigen, aber abstrakten Kriterien auf unsere großen und kleinen Entscheidungen an? Dies erfordert die Art des Nachdenkens und Betens, die als *Unterscheidung der Geister* bekannt ist. Zu unterscheiden bedeutet, unsere Entscheidungen und Handlungen nicht nur durch rationales Kalkül zu durchdenken, sondern auf Seinen Geist zu hören und im Gebet Gottes Motive, Einladungen und Willen zu erkennen. Es gibt ein Prinzip, das man in diesen Zeiten nicht vergessen sollte: Ideen werden diskutiert, aber die Wirklichkeit wird unterschieden.

Das ist schwierig für eher ungeduldige Menschen und für diejenigen, die glauben, dass es für jedes Problem eine technische Lösung geben muss, als ob es nur darum ginge, den richtigen Schalter zu finden. Es sind auch viele gläubige Menschen, die Schwierigkeiten mit der Unterscheidung haben, vor allem diejenigen, die allergisch auf Unsicherheit reagieren und alles auf Schwarz und Weiß reduzieren wollen. Unterscheidung ist außerdem unmöglich für Ideologen, Fundamentalisten und jeden, der in einer starren Denkweise gefangen ist. Unterscheidung ist aber lebenswichtig, wenn wir eine bessere Zukunft schaffen wollen.

* * *

Der Coronavirus hat eine bereits stattfindende Zeitenwende beschleunigt. Mit Zeitenwende meine ich nicht nur, dass es eine Zeit des Wandels ist, sondern dass all die Kategorien und Annahmen, nach denen wir uns zuvor in der Welt zurechtgefunden haben, nicht mehr gelten. Wir erleben nun Dinge, deren Eintreffen wir uns nie haben vorstellen können: der Zusammenbruch der Umwelt, eine globale Pandemie, die Rückkehr der Populismen – was wir früher für normal gehalten haben, wird es zunehmend nicht mehr sein. Es ist eine Illusion zu glauben, dass wir zu den alten Zeiten zurückkönnten. Restaurationsversuche führen uns immer in eine Sackgasse.

Angesichts dieser Unsicherheit üben Ideologie und starre Denkweise eine Verlockung aus, der wir widerstehen müssen. Fundamentalismus ist eine Methode, Gedanken und Verhalten so zu einem Zufluchtsort zu organisieren, dass sie einen

Menschen angeblich vor einer Krise schützen. Fundamentalismen bieten Schutz vor destabilisierenden Situationen im Austausch gegen eine Art von existenziellem Quietismus. Sie bieten dir eine Haltung und eine einzige, geschlossene Denkweise an, als Ersatz für die Art von Denken, welche dich für die Wahrheit öffnet. Wer auch immer Schutz im Fundamentalismus sucht, hat Angst, sich auf den Weg zur Wahrheit zu begeben. Er »hat« ja bereits die Wahrheit, und er benutzt sie als Verteidigung, sodass alle Fragen als ein Angriff gegen die eigene Person wahrgenommen werden.

Die Unterscheidung dagegen erlaubt uns auf unserer Suche nach der Wahrheit den Umgang mit sich wandelnden Kontexten und einzelnen Situationen. Die Wahrheit öffnet sich für denjenigen, der sich ihr öffnet. Das ist auch die Bedeutung des alten griechischen Wortes für Wahrheit, *aletheia*: Was sich selbst enthüllt, was enthüllt wird. Der hebräische Vokal *emet* hingegen verbindet die Wahrheit mit Treue, mit dem, was sicher ist, was fest ist, was nicht täuscht oder enttäuscht. Wahrheit hat also diese beiden Elemente. Wenn Dinge und Menschen ihr Wesen offenbaren, schenken sie uns die Gewissheit ihrer Wahrheit, den vertrauenswürdigen Beweis, der uns einlädt, an sie zu glauben. Sich dieser Art von Gewissheit zu öffnen, erfordert Demut in unserem eigenen Denken, um Raum zu lassen für diese sanfte Begegnung mit dem Guten, Wahren und Schönen.

Diese Weise des Denkens habe ich von Romano Guardini gelernt. Es war sein Stil, der mich gefesselt hat, vor allem in seinem Buch *Der Herr*. Guardini hat mir den Wert des unfertigen Denkens gezeigt. Er entwickelt einen Gedanken, aber dann begleitet er dich nur bis zu einem Punkt, bevor er dich innehalten lässt, um dir Raum zum Nachdenken zu geben. Er schafft einen Raum, in dem du der Wahrheit begegnen kannst. Ein fruchtbarer Gedanke sollte immer unfertig sein, um einer weiteren Entwicklung Raum zu geben. Von Guardini habe ich gelernt, nicht absolute Sicherheiten zu suchen, denn die sind nur ein Zeichen eines ängstlichen Geistes. Seine Weisheit hat mir erlaubt, komplexe Probleme anzugehen, die nicht einfach durch die Anwendung von Regeln gelöst werden können, und stattdessen eine Denkweise zu verwenden, die es einem erlaubt, Konflikte zu steuern, ohne in ihnen gefangen zu sein.

Die von ihm angeregte Denkweise öffnet uns für den Geist und für die Unterscheidung der Geister. Wenn du dich nicht öffnest, kannst du nicht unterscheiden. Daher rührt meine Allergie gegen Moralismus und andere -ismen, die alle Probleme nur mit Vorschriften, Gleichungen und Regeln zu lösen suchen. Wie Guardini auch glaube ich an objektive Wahrheiten und feste Prinzipien. Ich bin dankbar für die Festigkeit der Tradition der Kirche, Frucht von Jahrhunderten der Hirtensorge um die Menschheit und des *fides quaerens intellectum*, des Glaubens, welcher das Überlegen und das Verstehen sucht. Wie John Henry Newman, den ich im Oktober 2019 heiliggesprochen habe, sehe ich die Wahrheit außerhalb von uns, jenseits unseres Selbst. Diese Wahrheit lockt uns durch unser Gewissen an. Sie ist wie ein »freundliches Licht«, das wir normalerweise nicht durch die Vernunft erreichen, sondern durch die »Vorstellung, durch direkte Eindrücke, durch das Zeugnis von Tatsachen und Ereignissen, durch die Geschichte, durch Beschreibung«, wie Newman in seinem Buch »Grammar of Assent« [»Philosophie des Glaubens«] schrieb. Wie ich selber auch war Newman überzeugt davon, dass das

Umarmen dessen, was vielleicht auf den ersten Blick als widersprüchliche Wahrheiten erscheint, und das Vertrauen auf das freundliche Licht uns letztendlich die größere Wahrheit jenseits unserer selbst sehen lässt. Ich denke, dass nicht wir die Wahrheit besitzen, als dass vielmehr die Wahrheit uns besitzt und fortwährend durch Schönheit und Güte anlockt.

Dies ist eine Herangehensweise an die Wahrheit, die sich von der Erkenntnislehre der Post-Wahrheit unterscheidet, die verlangt, dass wir uns für eine Seite entscheiden, statt Beweise zu hören. Aber sie bedeutet nicht, in festgelegten Wegen zu denken, die für neue Möglichkeiten verschlossen sind. Sie enthält sowohl ein Element der Zustimmung als auch ein Element der andauernden Suche. Das war immer die Tradition der Kirche: Ihr Verstehen und Glauben haben sich im Laufe der Zeit in der Offenheit für den Geist erweitert und gefestigt, gemäß dem Prinzip, das der heilige Vinzenz von Lérins im fünften Jahrhundert verkündet hat: »Sie festigen sich mit den Jahren, sie entwickeln sich mit der Zeit, sie vertiefen sich mit dem Alter.«[7]

Tradition ist kein Museum, wahre Religion ist kein Gefrierschrank und Lehre ist nicht statisch, sondern sie wächst und entwickelt sich, wie ein Baum, der immer derselbe bleibt und doch wächst und immer mehr Frucht bringt. Es gibt einige, die behaupten, Gott habe ein für alle Mal gesprochen – fast immer ausschließlich in der Weise und Form, die diejenigen, die dies behaupten, gut zu kennen meinen. Sie hören das Wort »Unterscheidung« und befürchten, dass es nur eine besonders einfallsreiche Ausrede ist, die Regeln zu ignorieren, oder ein cleverer moderner Trick, um die Wahrheit herunterzuspielen, während es in Wirklichkeit das Gegenteil ist. Die Unterscheidung ist so alt wie die Kirche. Sie ergibt sich aus dem Versprechen, das Jesus den Jüngern gemacht hat: Wenn er (Jesus) gegangen sei, werde der Geist »euch in die ganze Wahrheit führen« (JOHANNES 16,13). Es gibt keinen Widerspruch zwischen einem Feststehen in der Wahrheit und gleichzeitiger Offenheit für größeres Verstehen. Der Geist leitet uns in jeder Epoche bei der Übersetzung der Frohen Botschaft in andere Kontexte, sodass die Worte Jesu weiterhin in den Herzen von Männern und Frauen in jedem Zeitalter Widerhall finden. Deswegen zitiere ich so gerne Gustav Mahler: »Tradition ist nicht das Bewahren der Asche, sondern die Weitergabe des Feuers.«

* * *

Der Geist zeigt uns Neues durch das, was die Kirche »Zeichen der Zeit« nennt. Die Zeichen der Zeit zu erkennen ermöglicht es uns, den Wandel zu begreifen. Wenn wir Ereignisse oder Entwicklungen im Licht des Evangeliums lesen und darüber beten, können wir Bewegungen erkennen, welche entweder die Werte des Reiches Gottes oder ihr Gegenteil widerspiegeln.

Zu jeder Zeit gibt es Menschen, die »hungern und dürsten nach der Gerechtigkeit« (MATTHÄUS 5,6). Es ist ein Aufschrei von den Rändern der Gesellschaft her. Wenn wir in unserer Unterscheidung in einer solchen Sehnsucht eine Bewegung des Geistes Gottes erkennen, dann werden wir fähig, uns dieser Bewegung in unserem Denken und Handeln zu öffnen und so eine neue Zukunft im Geist der Seligpreisungen zu schaffen.

So ist zum Beispiel der Ausschluss und die Isolierung der Alten ein trauriges Zeichen der Zeit. Ein signifikanter Teil aller Covid-19 Toten im wohlhabenden Teil der Welt ist in Seniorenheimen gestorben. Diejenigen, die dort starben, waren nicht nur wegen ihres Alters verwundbar, sondern auch wegen der Bedingungen in vielen dieser Häuser: unterfinanziert, vernachlässigt, angewiesen auf schlecht bezahlte Arbeitskräfte. In Buenos Aires war ich oft in solchen Häusern, in denen die Pflegekräfte eine wunderbare Arbeit machen, trotz so vieler Hindernisse. Ich erinnere mich, dass sie mir einmal erzählt haben, dass viele der Bewohner in den vergangenen sechs Monaten keinen Besuch von ihrer Familie bekommen hätten. Die Verlassenheit der alten Menschen ist eine enorme Ungerechtigkeit.

Die Heilige Schrift sagt uns, dass die Alten unsere Wurzeln sind, unsere Quelle, das, was unser Leben erhält. Der Prophet Joel hört Gottes Versprechen, seinen Geist zur Erneuerung des Volkes auszugießen: »Eure Söhne und Töchter werden Propheten sein, eure Alten werden Träume haben und eure jungen Männer haben Visionen« (JOEL 3,1). Die Zukunft wird aus der Verbindung der Jungen mit den Alten entstehen. Der argentinische Dichter Francisco Luis Bernárdez sagt es so: »Nach all dem habe ich verstanden / dass das was am Baume blüht / von dem lebt was vergraben ist.«[8] Ein von seinen Wurzeln getrennter Baum trägt keine Früchte oder Blüten, sondern vertrocknet. Wir haben hier also zwei Übel mit derselben Ursache: die Verlassenheit der Alten, die der Visionen der Jungen beraubt sind, und die Verarmung der Jungen, die der Träume der Alten beraubt sind; eine Gesellschaft, die austrocknet, fruchtlos und steril wird.

Im Licht des Evangeliums und der Prinzipien der katholischen Soziallehre – Solidarität, die Option für die Armen und die universelle Bestimmung aller Güter – ist es unmöglich, nicht alles daransetzen zu wollen, diesen Bruch zu überwinden, damit die Generationen einander begegnen. Wie nehmen wir die alten Menschen wieder in Familien auf, wie stellen wir den Kontakt zu den jungen Menschen wieder her? Wie geben wir den jungen Menschen wieder Wurzeln, sodass sie Propheten sein können, also ihren Raum zum Wachsen haben. An diesem Punkt kommt die Unterscheidung ins Spiel: Was bedeutet das für mich und meine Familie? Was bedeutet das für unsere Politik? Dasselbe könnten wir uns über arbeitslose Jugendliche fragen, denen die Chance auf das Lernen verwehrt ist und die oft von der traurigen Welt der Drogen angezogen werden.

Wir mögen die Aufforderung des Geistes spüren: herauszufinden, wer die einsamen alten Menschen in der Nähe sind und wie ich ihnen gemeinsam mit anderen Freundschaft anbieten könnte. Oder ich möchte vielleicht dafür sorgen, dass Pflegeheime möglichst wie Familien sind, gut finanziert und in die Gemeinschaft eingebettet. Grundsätzlicher könnten wir uns fragen, wie wir überhaupt in diese Situation geraten sind, wenn wir den Druck durch Arbeitsplätze und Familie bedenken, der die Menschen dazu bringt, die Älteren nicht bei sich haben zu wollen.

Wir sehen die Wirklichkeit, wir erkennen, und wir entdecken dort ein Zeichen Gottes. Wir erheben nicht den Anspruch, für alles Antworten zu haben, aber die Anwendung der Kriterien des Evangeliums und die Eingebung des Geistes erlauben uns die Unterscheidung, die Einladung des Herrn zu hören und ihr zu folgen. Unser Leben wird dadurch komplizierter, es wird reicher und prophetischer, und es erlaubt uns, mit einer Fülle zu antworten, welche nur der Geist uns geben kann.

* * *

Die durch den Coronavirus beschleunigte Zeitenwende ist ein günstiger Moment, die Zeichen der Zeit zu lesen. Es hat sich eine Kluft geöffnet zwischen den Realitäten und Herausforderungen, vor denen wir stehen, einerseits und den Rezepten und Lösungen, die uns zur Verfügung stehen, andererseits. Diese Kluft ist ein Raum, in dem es zu reflektieren gilt, zu fragen und miteinander zu sprechen.

Ich denke zum Beispiel an die Distanz zwischen unserer Aufgabe, Mutter Erde zu schützen und zu regenerieren, und einem Wirtschaftsmodell, das Wachstum um jeden Preis als oberstes Ziel betrachtet.

Natürlich brauchen einige Regionen der Welt – sehr unterentwickelte Gebiete oder Länder, die sich von Kriegen erholen – eine rasch wachsende Wirtschaft, um die Grundbedürfnisse ihrer Bevölkerung befriedigen zu können. In den wohlhabenden Regionen der Welt aber wirkt die Fixierung auf das andauernde wirtschaftliche Wachstum destabilisierend, sie schafft große Ungleichheiten und bringt die natürliche Welt aus dem Gleichgewicht. Die unbegrenzte Ausdehnung von Produktivität und Konsum setzt die Vorherrschaft des Menschen über die Schöpfung voraus, aber die von ihr verursachte Umweltkatastrophe hat die Grundannahmen dieses Denkens erschüttert. Wir sind Teil der Schöpfung; wir besitzen sie nicht: Bis zu einem gewissen Grad besitzt sie uns; wir können nicht getrennt von ihr leben. Diese Krise oder diese Kluft ist ein Zeichen unserer Zeit.

Die Störung durch Covid hat die Perspektive umgedreht. Sie lädt uns ein, anzuhalten, unsere Routinen und Prioritäten zu ändern und uns zu fragen: Was ist, wenn die wirtschaftlichen, sozialen und ökologischen Herausforderungen, vor denen wir stehen, in Wirklichkeit unterschiedliche Gesichter derselben Krise sind? Was, wenn sie eine gemeinsame Lösung haben? Könnte es sein, dass das Ersetzen des Wachstumsziels durch das Ziel neuer Beziehungsformen eine andere Art von Wirtschaft ermöglicht, eine Wirtschaft, die den Bedürfnissen aller im Rahmen der Möglichkeiten unseres Planeten gerecht wird?

Die Unterscheidung erlaubt uns zu fragen: Was sagt uns der Geist? Was ist die Gnade, die uns hier angeboten wird, wenn wir sie nur annehmen könnten? Und was sind die Hindernisse und die Versuchungen? Was macht menschlicher, was unmenschlicher? Wo ist die Frohe Botschaft versteckt in den düsteren Botschaften, und wo tarnt sich der böse Geist als Engel des Lichts? Das sind Fragen für diejenigen, die demütig suchen und hören, die bereit sind, nicht schnell eine Antwort zu suchen, sondern zu reflektieren und zu beten.

Nimm dich in Acht vor denjenigen, die schon heute sagen, dass sie die Zukunft mit einer Art Klarheit und Sicherheit sehen könnten. In Krisen treten immer wieder »falsche Messiasse« auf, die die Freiheit der Menschen ignorieren, um sich ihre eigene Zukunft zu bauen, und die sich selber vor Gottes Handeln verschließen, der in das Leben und die Geschichte seines Volkes eintritt. Gott handelt in der Einfachheit eines offenen Herzens, in der Geduld derer, die innehalten, bis sie klar sehen können.

In der Unterscheidung zwischen dem, was von Gott und was nicht von Gott ist, beginnen wir zu sehen, wo und wie wir handeln sollen. Wenn wir wahrnehmen, wo Gottes Barmherzigkeit nur darauf wartet, überzufließen, dann können wir die Tore öffnen und mit allen Menschen guten Willens gemeinsam daran arbeiten, den notwendigen Wandel zu schaffen.

Wie unterscheiden wir die Geister? Sie sprechen unterschiedliche Sprachen; sie erreichen unsere Herzen auf verschiedenen Wegen. Die Stimme Gottes zwingt niemals, sie schlägt vor, während der Feind der menschlichen Natur scharf, eindringlich und sogar eintönig ist. Die Stimme Gottes mag uns korrigieren, aber immer sanft, immer ermutigend, tröstend, uns Hoffnung gebend. Der böse Geist auf der anderen Seite bietet blendende Illusionen und verlockende Empfindungen, aber die sind flüchtig. Er nutzt unsere Furcht und unseren Argwohn, und er verführt uns mit Wohlstand und Prestige. Wenn wir ihn ignorieren, dann antwortet er mit Verachtung und Anklage; er sagt uns: Du bist wertlos.

Die Stimme des Feindes der menschlichen Natur lenkt uns von der Gegenwart ab, indem sie sich auf die Furcht vor der Zukunft oder die Traurigkeit der Vergangenheit richtet. Auf der anderen Seite spricht die Stimme Gottes zur Gegenwart, sie hilft uns voran. Was von Gott kommt, fragt: »Was ist gut für mich, was ist gut für uns?«

Die Stimme Gottes öffnet unsere Horizonte, während der Feind dich gegen eine Wand drückt. Während der gute Geist dir Hoffnung gibt, sät der böse Geist Misstrauen, Ängstlichkeit und Schuldzuweisung. Der gute Geist richtet sich an meinen Wunsch, Gutes zu tun, zu helfen und zu dienen. Er gibt mir Kraft, weiterzugehen auf dem rechten Weg. Umgekehrt schließt mich der böse Geist in mich selber ein und macht mich unbeugsam und intolerant. Es ist der Geist der Furcht und der Kümmernis. Er macht mich traurig, furchtsam und reizbar. Anstatt mich frei zu machen, versklavt er mich. Anstatt mich für die Gegenwart und die Zukunft zu öffnen, schließt er mich in Furcht und Resignation ein.

Indem wir lernen, diese beiden Arten von »Stimmen« zu unterscheiden, können wir den richtigen Weg voran wählen, den Weg, der nicht immer der offensichtlichste ist. Und wir können vermeiden, Entscheidungen zu treffen, während wir in vergangenen Verletzungen oder Ängsten vor der Zukunft gefangen sind, welche uns unbeweglich zu machen drohen.

* * *

Ein Zeichen ist etwas, das hervorragt und uns auffällt. Ein Zeichen der Hoffnung in dieser Krise ist die maßgebliche Rolle von Frauen.

Frauen gehörten gleichzeitig zu den am stärksten Betroffenen und Widerstandsfähigsten in dieser Krise. Betroffen, weil sie häufiger an der Front der Pandemie zu finden waren – um die 70 Prozent aller Pflegekräfte weltweit sind Frauen –, aber auch, weil sie wirtschaftlich stärker getroffen werden, da sie in nicht abgesicherter oder schlecht bezahlter Arbeit stehen.

Die Länder mit Frauen als Präsidentin oder Regierungschefin haben auf das Ganze gesehen besser und schneller reagiert als andere, es wurden schneller Entscheidungen getroffen und mit Einfühlungsvermögen kommuniziert.

Worüber nachzudenken lädt uns dieses Zeichen ein? Was könnte der Geist uns sagen?

Ich denke an die Stärke der Frauen in der Bibel nach dem Tod Jesu. Sie waren durch die Tragödie nicht erstarrt, und sie flohen auch nicht. Aus Liebe zu ihrem Herrn gingen sie zum Grab, um ihn zu salben. Wie so viele Frauen während der Pandemie ist es ihnen gelungen, zusammenzuhalten, die Hindernisse auf ihrem Weg zu umgehen und die Hoffnung in ihren Familien und ihrer Gemeinschaft am Leben zu erhalten. Und weil sie das getan haben, waren sie die Ersten, welche die wunderbare Botschaft erhielten: »Er ist nicht hier; denn er ist auferstanden« (MATTHÄUS 28,6). Der Herr kündigte das neue Leben zuerst den Frauen an, weil sie da waren, aufmerksam und offen für das Neue.

Könnte es sein, dass es in dieser Krise die Perspektive der Frauen ist, die die Welt in dieser Zeit braucht, um sich den kommenden Herausforderungen zu stellen?

Könnte es sein, dass der Geist uns dazu anregt, das frische Denken, das einige Frauen in diesen Moment einbringen, anzuerkennen, zu schätzen und zu integrieren?

Ich denke da vor allem an Wirtschaftswissenschaftlerinnen, deren frisches Denken besonders relevant in dieser Krise ist. Ihr Aufruf zu einer grundsätzlichen Revision der Modelle, die wir nutzen, um die Wirtschaft zu organisieren, erhält derzeit viel Aufmerksamkeit. Ihre Perspektive ist aus ihrer praktischen Erfahrung mit der »wirklichen« Wirtschaft entstanden, die ihnen die Augen für die Unzulänglichkeit der üblichen Lehrbuchökonomie geöffnet hat. Es war oft ihre unbezahlte oder informelle Arbeit, ihre Erfahrung mit Mutterschaft oder der Führung von Haushalten zusätzlich zur akademischen Arbeit auf hohem Niveau, die ihnen die Mängel der vorherrschenden Wirtschaftsmodelle zumindest der letzten 70 Jahre bewusst gemacht haben.

Dabei will ich sie nicht alle über denselben Kamm scheren,

nur weil sie alle Frauen sind. Sie sind sehr unterschiedlich voneinander und widersprechen sich untereinander sicherlich auch in vielen Dingen. Es ist jedoch auffallend, wie diese einflussreichen Wirtschaftswissenschaftlerinnen den Schwerpunkt auf Bereiche gelegt haben, die lange Zeit vom Mainstream-Denken verdrängt wurden, wie etwa die Sorge um die Schöpfung und die Armen, der Wert nicht monetarisierter Beziehungen und des öffentlichen Sektors sowie der Beitrag der Zivilgesellschaft zur Erzeugung von Wohlstand. Mir scheint, dass sie für eine mehr »mütterliche« Wirtschaft einstehen; eine Wirtschaft, die nicht nur auf Wohlstand und Profit aus ist, sondern die fragt, wie die Wirtschaft so gestaltet werden kann, dass sie Menschen hilft an der Gesellschaft teilzuhaben und zu gedeihen. Sie treten für eine Wirtschaft ein, die erhält, schützt und regeneriert und die nicht nur reguliert und schlichtet. Solche Ideen, die lange Zeit als idealistisch oder unrealistisch abgetan wurden, erscheinen heute vorausschauend und relevant.[9]

Mariana Mazzucatos Buch *Wie kommt der Wert in die Welt?* hat mich sehr zum Nachdenken gebracht. Mich hat überrascht zu erfahren, dass geschäftliche Erfolge, die in unserem wirtschaftlichen Denken als Ergebnis von Anstrengungen Einzelner oder deren Genie angesehen werden, in Wirklichkeit das Resultat massiver öffentlicher Investitionen in Forschung und Bildung sind. Trotzdem sind es die Anteilseigner, welche enorme Gewinne erzielen, während der Staat als Belastung für den Markt gilt. Oder ich denke an Kate Raworth, eine Wirtschaftswissenschaftlerin an der Universität Oxford, die von der »Donut-Ökonomie« spricht: wie eine distributive, regenerative Wirtschaft geschaffen werden kann, die die

Menschen aus dem »Loch« der Not herausholt, aber die Obergrenze der Umweltschäden vermeidet. Wie Mazzucato stellt auch sie die unreflektierte Besessenheit unserer Kultur vom Wachstum des Bruttoinlandsprodukts (BIP) als dem einzigen übergeordneten Ziel von Ökonomen und politischen Entscheidungsträgern infrage. Ich könnte noch weitere nennen, aber diese beiden sind mir vor allem wegen ihrer Beiträge zu den Überlegungen des Vatikans über eine Zukunft nach Covid bekannt.

Dabei geht es mir nicht darum, ihre Theorien zu bewerten, dazu bin ich gar nicht qualifiziert. Es geht mir um die Einschätzung des Ethos ihres Denkens. Ich sehe Ideen, die aus ihren Erfahrungen an der Peripherie entstanden sind und die eine Besorgnis über die groteske Ungleichheit von Milliarden Menschen widerspiegeln, die extremer Entbehrung ausgesetzt sind, während das reichste eine Prozent die Hälfte des weltweiten finanziellen Reichtums besitzt. Ich sehe ein offenes Ohr für die Verletzlichkeit des Menschen; den Wunsch, die Natur zu schützen, indem Umweltverschmutzung als Kosten betrachtet werden, welche in der Bilanz eingerechnet werden müssen. Ich sehe ein Interesse an Volkswirtschaften, die allen Zugang zu Arbeit vermitteln und die derjenigen Arbeit einen höheren Wert beimessen, die Wohlstand nicht nur für die Aktionäre, sondern auch Werte für die Gesellschaft schafft. Ich sehe ein Denken, das nicht ideologisch ist und das sich jenseits der Polarisierung von kapitalistischer Marktwirtschaft und Staats-Sozialismus bewegt. Es ist ein Denken, dessen Kern das Anliegen ist, dass die ganze Menschheit Zugang zu Land, Arbeit und Wohnraum hat. All das spricht die Prioritäten des Evangeliums und die Grundsätze der Soziallehre der Kirche an. Es ist also vernünftig, dieses »Umdenken« der Wirtschaftswissenschaftlerinnen als ein Zeichen der Zeit zu sehen. Wir sollten darauf achten, worauf es deutet.

Die Haltung der Unterscheidung setzt ein Bewusstsein für die Versuchungen voraus, die uns von der Botschaft des Geistes ablenken; Versuchungen, die uns in Sackgassen führen. Diese Versuchungen können wir an ihrer Starre und Einförmigkeit erkennen. Wo der Geist ist, dort ist auch immer eine Bewegung *versus unum*, auf Einheit hin, aber niemals auf Einförmigkeit. Der Geist bewahrt immer die berechtigte Vielfalt verschiedener Gruppen und Sichtweisen, er versöhnt sie in ihrer Verschiedenheit. Wenn also eine Gruppe oder Person darauf beharren würde, dass ihr Weg die einzige Möglichkeit ist, ein Zeichen zu »lesen«, wäre das ein Warnsignal.

Ein Beispiel des starren Denkens etwa ist die Reduktion von Menschen auf ihre Funktionen. Ein funktionalistischer Irrtum könnte darin bestehen, zu glauben, dass die Integration der Perspektive von Frauen notwendigerweise die Ernennung von mehr Frauen in Führungspositionen bedeutet, denn nur wenn Frauen mehr »Macht« hätten, würden ihre Perspektiven Fuß fassen. Aber wenn der Beitrag von Frauen den Zugang zu Macht selber infrage stellt, folgt daraus noch nicht, dass eine weibliche Führungsfigur die Kultur einer Institution ändert. Dies geht über die spezifischen Verantwortungspositionen hinaus, die sie möglicherweise innehaben. Ich setze natürlich voraus, dass qualifizierte Frauen gleichberechtigten Zugang zu Leitungsverantwortung, gleiche Bezahlung und andere Möglichkeiten bekommen müssen. Dieses Recht ist eine der großen sozialen Errungenschaften der Moderne. Aber es wäre lohnenswert zu fragen, ob es nicht noch andere Möglichkeiten gibt, in denen die Perspektive von Frauen bestehende Anschauungen infrage stellen.

Das ist etwas, was mich auch hier in Rom beschäftigt: wie die Präsenz und Sensibilität von Frauen besser in die Entscheidungsprozesse des Vatikans integriert werden können. Die Herausforderung für mich hat darin bestanden, Räume zu schaffen, in denen Frauen auf eine Weise Leitung übernehmen können, die es ihnen erlaubt, die Kultur zu prägen, und die sicherstellt, dass sie geschätzt, respektiert und anerkannt werden. Die von mir ernannten Frauen wurden von mir wegen ihrer Fähigkeiten und Erfahrungen in ihrem Arbeitsgebiet eingesetzt, aber auch, um die Vision und die Denkweise der kirchlichen Bürokratie zu beeinflussen. In vielen Fällen habe ich Frauen als Beraterinnen in die Gremien des Vatikans eingeladen, damit sie Einfluss auf den Vatikan nehmen können, dabei aber ihre Unabhängigkeit bewahren. Die Veränderung der institutionellen Kultur ist ein organischer Prozess, welcher die Integration der Sichtweise von Frauen verlangt, ohne sie zu klerikalisieren.[10]

Seit einiger Zeit gibt es eine ganze Reihe von Frauen in wichtigen Vatikanischen Positionen. Im Dikasterium für die Laien, die Familie und das Leben etwa sind die zwei Untersekretäre – Abteilungsleiter, die den Ablauf der Arbeit regeln – Frauen. Die Direktorin der Vatikanischen Museen ist ebenfalls eine Frau. Der ranghöchste Posten befindet sich aber im Staatssekretariat, in dem die Untersekretärin für die Beziehungen zu den Staaten eine Frau ist. Sie ist verantwortlich für die Beziehungen der Kirche zu multilateralen Organisationen, wie etwa den Vereinten Nationen oder dem Europarat.[11]

Ich habe noch andere Frauen auf wichtige Positionen ernannt, aber weil ich das über einen Zeitraum von einigen Jahren getan habe, hat das nicht viel Aufmerksamkeit erregt. Als ich aber 2020 eine Gruppe von sechs Frauen in den Wirtschaftsrat berufen habe, war diese Ernennung eine Nachricht. Es ist auch deshalb aufgefallen, weil sich dieses Gremium, das für die Überwachung der Finanzverwaltung und -politik des Vatikans zuständig ist, aus sieben Kardinälen und sieben Laien zusammensetzt und von diesen sieben Laien nun sechs Frauen sind.

Ich habe diese Frauen aufgrund ihrer Qualifikationen ausgewählt, aber auch, weil ich glaube, dass Frauen im Allgemeinen viel bessere Verwalter sind als Männer. Sie verstehen Prozesse besser und wissen, wie man Projekte vorantreibt. In diesen Fällen hatten sie also nicht nur das Fachwissen und den beruflichen Hintergrund, den wir brauchten – was viele Männer auch hatten –, sondern sie brachten auch ihre persönliche Erfahrung in der Organisation des Alltagslebens auf unterschiedliche Weise ein, als Mütter, »Hausfrauen« und Mitglieder von Diskussionsgruppen.

Eine Frau als »Hausfrau« zu beschreiben klingt oft herabwürdigend und ist manchmal auch so gemeint. Aber im Spanischen hat *ama de casa* (»Hausherrin«, »Hausfrau«) die Bedeutung des griechischen *oikos* und *nomos*, aus denen sich unser Wort »Ökonomie« zusammensetzt: die Kunst, einen Haushalt zu leiten. Die Leitung von Haushalten ist keine Kleinigkeit; du musst viele verschiedene Dinge gleichzeitig tun, verschiedene Interessen unter einen Hut bringen, flexibel sein und eine besondere Art von Klugheit haben. Hausfrauen müssen drei Sprachen gleichzeitig sprechen: die des Verstandes, die des Herzens und die der Hände.

In meiner pastoralen Erfahrung in verschiedenen kirchlichen Einrichtungen kamen einige der nützlichsten Ratschläge von Frauen, die die Sache von verschiedenen Seiten aus sehen konnten und die vor allem praktisch waren, mit einem realistischen Verständnis dafür, wie die Dinge funktionieren und welche Grenzen und Möglichkeiten die Menschen haben. Bevor ich Papst wurde, hatte ich als Erzbischof von Buenos Aires eine Frau als Finanzdirektorin, als Kanzlerin des Bistums und als Leiterin des Diözesanarchivs. Ich fand, dass der Rat von Frauen in Pastoral- und Verwaltungsräten ergiebiger war als der vieler Männer.

Ich möchte klarstellen, dass die erweiterte Rolle von Frauen in der Kirchenleitung nicht vom Vatikan abhängt und auch nicht auf bestimmte Rollen beschränkt ist. Wahrscheinlich liegt es am Klerikalismus, einer Korruption des Priestertums, dass viele Menschen fälschlicherweise glauben, dass die Leitung der Kirche ausschließlich männlich ist. Aber wenn du irgendein Bistum in der Welt besuchst, dann wirst du sehen, dass Frauen Abteilungen, Schulen und viele andere Organisationen und Programme leiten. In einigen Bereichen wirst du mehr Frauen als Männer in der Leitung sehen. In Amazonien leiten Frauen – Laien wie Ordensfrauen – ganze Kirchengemeinden. Zu sagen, dass sie nicht wirklich Leitung seien, weil sie keine Priester seien, ist Klerikalismus und respektlos.

* * *

Um von einer anderen Zukunft zu träumen, müssen wir Geschwisterlichkeit anstatt Individualismus als Organisationsprinzip wählen. Geschwisterlichkeit ist das Gefühl der Zugehörigkeit zueinander und zur gesamten Menschheit. Sie ist die Fähigkeit, zusammenzukommen und sich vor einem gemeinsamen Horizont der Möglichkeiten einzusetzen. In der jesuitischen Tradition nennen wir das *unión de ánimos*, Einheit von Herz und Geist. Es ist eine Einheit, die es Menschen ermöglicht, trotz unterschiedlicher Standpunkte, physischer Trennung und menschlichem Ego als ein Leib zu agieren. Solch eine Einheit bewahrt und respektiert Verschiedenheit und lädt dazu ein, aus der Unterschiedlichkeit heraus zu handeln, als Gemeinschaft von Schwestern und Brüdern in Sorge umeinander.

Wir brauchen dringend diese Art Einheit. Die Pandemie hat uns auf das Paradox hingewiesen, dass obwohl wir immer mehr untereinander verbunden sind, wir gleichzeitig auch stärker voneinander getrennt sind. Fieberhaftes Konsumverhalten bricht die Bande der Zugehörigkeit. Es bringt uns dazu, uns vor allem um den Selbsterhalt zu sorgen, und macht uns ängstlich. Unsere Ängste werden durch eine bestimmte Art von populistischer Politik, die nach Macht über die Gesellschaft strebt, noch verstärkt und ausgenutzt. Es ist schwer, eine Kultur der Begegnung aufzubauen, in der wir uns als Menschen mit einer gemeinsamen Würde begegnen, innerhalb einer Wegwerfkultur, die ältere Menschen, Arbeitslose, Menschen mit Behinderung und Ungeborene als Belastung für unser Wohlbefinden betrachtet. Aus diesem Grund habe ich kürzlich einen Brief an alle Menschen guten Willens geschrieben, inspiriert vom heiligen Franziskus von Assisi, in der Hoffnung, die Sehnsucht nach Geschwisterlichkeit neu zu entfachen.[12]

Bevor wir uns der Frage zuwenden, wie wir einige der Brüche und Spaltungen in unserer Gesellschaft überwinden können, um Frieden und Gemeinwohl aufzubauen, müssen wir über die »abgeschottete Geisteshaltung« nachdenken, die ein Haupthindernis in unseren Herzen und in unserem Verstand darstellt. Wenn ich darüber spreche, wie sie in der Kirche wirkt, dann wird das vielleicht auf andere Institutionen und die gesamte Gesellschaft übertragbar sein.

Unabhängig davon, welchen Bereich wir betrachten: Es ist wichtig, die Auswirkungen der Versuchung des bösen Geistes zu durchschauen, sich spirituell aus diesem Leib, aus dieser Einheit, zu der ich gehöre, zurückzuziehen und uns durch Misstrauen und Unterstellungen auf unsere eigenen Interessen und Standpunkte zu beschränken. Wir müssen verstehen, wie diese Versuchung uns letztlich in ein belagertes und klagendes Ich verwandelt, das andere verachtet und glaubt, nur selbst die Wahrheit zu kennen.[13]

In der Geschichte der Kirche hat es immer Gruppen gegeben, die wegen dieser Versuchung zu einem Stolz, der ihnen das Gefühl der Überlegenheit über den Leib gab, in Irrlehren geraten sind. In unserer Zeit hat es seit dem Zweiten Vatikanischen Konzil (1962–65) revolutionäre Ideen gegeben, gefolgt von restaurationistischen. Was beide auszeichnet, ist die Starrheit. Starrheit ist ein Zeichen des bösen Geistes, der etwas verbergen will. Was genau versteckt wird, mag für eine lange Zeit nicht öffentlich werden, bis dann ein Skandal ausbricht. Wir haben in den vergangenen Jahren nicht wenige kirchliche Gruppen gesehen – Bewegungen, die vor allem durch ihre Starrheit und ihren Autoritarismus geprägt sind –, die genauso geendet sind. Ihre Leitung und einige Mitglieder haben sich als die Wiederhersteller von Lehre und Kirche präsentiert, aber was wir später aus ihrem Leben erfahren haben, spricht vom genauen Gegenteil. Du findest dieselbe Starrheit hinter jeder Gruppe, welche ihre Ideologie der Kirche aufdrücken will. Früher oder später wird es eine schockierende Enthüllung über Sex, Geld oder Gehirnwäsche geben.

Was verborgen bleibt ist der Versuch, an etwas Belanglosem festzuhalten, dessen Verlust ich fürchte. An etwas, was mein Ego nährt: Macht, Einfluss, Freiheit, Sicherheit, Status, Geld, Besitz, oder eine Kombination daraus. Meine Furcht, das, was der hl. Ignatius »das erworbene Vermögen« nennt, zu verlieren, lässt mich umso enger an ihm hängen. Wenn ich eingeladen bin, herauszutreten und Teil von etwas Größerem zu werden, dann versorgt mich der Geist des Verdachts und der Unterstellung mit Gründen, mich fernzuhalten und meine Anhänglichkeiten zu verbergen, während ich sie durch die Fehler anderer rechtfertige. Und während ich mir diese meine Selbstbezogenheit rechtfertigenden »Gründe« zu eigen mache, verhärtet sich nach und nach mein Herz und mein Engagement für diese Gründe nimmt zu und macht sie schließlich zu einer Ideologie.[14]

Unter Katholiken mit einer solchen abgeschotteten Geisteshaltung – meistens gut gebildete Leute – gibt es deswegen nie einen Mangel an Gründen, die Kirche, die Bischöfe oder den Papst zu kritisieren: Entweder sind wir rückständig, oder wir haben vor der Moderne kapituliert; wir sind nicht, was wir sein sollten oder angeblich früher einmal waren. Auf diese Weise rechtfertigen sie es, sich dem Weg des Volkes Gottes zu entziehen und von ihm zu trennen. Anstatt sich in die große Aufgabe der Verkündigung in Gemeinschaft mit dem Leib zu stürzen, ziehen sie sich in »ihre« eigene Gruppe von Puristen zurück, den Hütern der Wahrheit. Für das von einer abgeschotteten

Geisteshaltung belagerte Ich mangelt es nie an Gründen, auf dem Balkon zu bleiben, während unten das Leben vorbeizieht.

So wird die Saat der Spaltung gesät. An die Stelle einer menschenfreundlichen Offenheit dem anderen gegenüber tritt die vermeintliche Überlegenheit der eigenen Ideen. Die Einheit wird durch den Kampf zwischen verschiedenen Parteien untergraben, welche die Vorherrschaft ihrer eigenen Ideen durchzusetzen suchen. Unter dem Banner der Restauration oder der Reform werden lange Reden gehalten und endlose Artikel geschrieben, es werden doktrinäre Klarstellungen geboten und Manifeste verfasst, die wenig mehr sind als die fixen Ideen von kleinen Gruppen. In der Zwischenzeit geht das von Gott zusammengerufene Volk in den Fußspuren Jesu vorwärts, nicht blind für die Fehler der Kirche, aber glücklich, Teil Seines Leibes zu sein, die eigenen Sünden bekennend und um Barmherzigkeit bittend. Das Volk Gottes erkennt seine Fehler und Sünden und kann um Vergebung bitten, weil es weiß, dass es ein Volk ist, das Barmherzigkeit erfahren hat.

Die Fehler und Defizite sind bekannt. Manche Menschen haben schmerzhafte Erfahrungen gemacht, die ihr Misstrauen der Kirche gegenüber verständlich machen. Aber mir geht es hier um eine geistliche Haltung, die sich in der Arroganz zeigt zu glauben, dass die Kirche vor sich selbst gerettet werden muss, oder die die Kirche wie eine Körperschaft behandelt, bei der die Aktionäre einen Wechsel in der Leitung verlangen können. Das ist eine Version der geistlichen Weltlichkeit. Diejenigen, die behaupten, dass es zu viel »Verwirrung« in der Kirche gibt und dass nur dieser oder jener Gruppe von Puristen vertraut werden darf, säen Spaltung im Leib. Auch das ist geistliche Weltlichkeit. Das gilt auch für diejenigen, die sagen, dass, bis die Kirche als Beweis für ihr Engagement für die Gleichstellung der Geschlechter Frauen zu Priestern weiht, der örtliche Bischof oder die Pfarrei nicht auf ihre Mitarbeit zählen kann. Äußerlich erscheinen die Gründe kohärent und prinzipienfest, aber sie verschleiern den Geist der abgeschotteten Geisteshaltung, der sich weigert, innerhalb Seiner Kirche als Jünger Christi zu handeln.

Jesus hat die Kirche weder als Zitadelle der Reinheit noch als eine ständige Parade von Helden und Heiligen gegründet – auch wenn es uns, Gott sei Dank, an ihnen nicht mangelt. Sie ist etwas viel Dynamischeres: eine Schule der Bekehrung, ein Ort der geistlichen Auseinandersetzung und der Unterscheidung, wo Gnade genauso im Überfluss vorhanden ist wie Sünde und Versuchung. Wie ihre Mitglieder selber auch kann die Kirche ein Instrument von Gottes Barmherzigkeit sein, weil sie selber der Barmherzigkeit bedarf. Genauso wenig wie man jemanden aufgrund von dessen Sünden und Fehlern ablehnen darf, sondern ihm helfen sollte zu sein, was er sein soll, genauso sollten die Jünger Christi die Kirche lieben und auf sie hören und sie aufrichten. Sie sollten in ihr Verantwortung übernehmen einschließlich ihrer Sünden und Fehler. Lasst uns die Kirche in den Momenten, in denen sie sich schwach und sündig zeigt, wieder aufrichten; lasst uns sie nicht verurteilen und verachten, sondern uns um sie kümmern, wie um unsere eigene Mutter.

Für die abgeschottete Geisteshaltung ist es schwer, anderen mit Barmherzigkeit zu begegnen, weil sie eine solche Barmherzigkeit ablehnt, mindestens in der Praxis. Das biblische Beispiel dieses belagerten Selbst par excellence ist der Prophet Jona. Gott sendet Jona nach Ninive, um die Menschen zur

Umkehr zu rufen, aber Jona will davon nichts wissen, er flieht nach Tarschisch. In Wirklichkeit flieht Jona vor Gottes Barmherzigkeit für Ninive, die nicht zu seinen eigenen Plänen und Vorstellungen passt. Für Jona kam Gott einmal, erließ sein Gesetz, »und um den Rest werde ich mich kümmern«, hatte er sich gesagt. In seiner Vorstellung war er selbst gerettet, die Menschen in Ninive hingegen nicht. Er hatte die Wahrheit, und sie nicht. Er selber hatte das Sagen und nicht Gott. Mit dem Stacheldraht seiner Überzeugungen hatte er einen Zaun um seine Seele errichtet und die Welt in Gut und Böse unterteilt. Damit war die Tür für das Handeln Gottes verschlossen. Wie sehr sich doch das Herz des belagerten Egos verhärtet, wenn es der Barmherzigkeit Gottes begegnet!

Leider handeln heute viele Menschen wie Jona, bevor er sich erweichte. Von ihrer abgeschlossenen Welt ihres belagerten Selbst aus klagen sie und verachten. Und weil sie ihre Identität bedroht sehen, werfen sie sich in Schlachten – online und persönlich –, um sich sicherer zu fühlen.

Es ist bemerkenswert, wie schnell sich die abgeschlossene Geisteshaltung verschlimmert, geistig wie auch psychologisch. Nachdem er sie erst einmal vom Leib des Volkes Gottes getrennt hat, füttert der Teufel solchen Menschen Irrtümer und Halbwahrheiten, welche sie immer mehr in den Tarschischs der Selbstgerechtigkeit einschließen. (Der Teufel lockt nicht nur mit Lügen. Oft funktionieren eine Halbwahrheit oder eine Wahrheit, die von ihrer spirituellen Grundlage abgetrennt wurde, noch besser, weil sie es für Menschen schwerer macht, zu kommunizieren.) Diese Menschen geben die Lehre zugunsten von Ideologie auf; ihre Verdächtigungen und Unterstellungen führen sie letztlich in Verschwörungstheorien, alles wird durch eine verkrümmte Linse betrachtet. So kann die sich selbst überlassene abgeschottete Geisteshaltung vielen seltsamen Fantasien Glauben schenken, ohne dass es eines Beweises bedarf.

So haben zum Beispiel während der Amazonas-Synode in Rom im Oktober 2019 einige kirchliche Gruppen und deren Medien die Anwesenheit indigener Völker durch eine ständig verkrümmte Linse betrachtet. Was schön war an dieser Synode – der tiefe Respekt vor indigener Kultur und die Anwesenheit von Indigenen bei den Gottesdiensten – wurde durch hysterische Anklagen, von Paganismus und Synkretismus, verdreht. Obwohl wir in der Synodenaula das kaum mitbekommen haben, gab es viele Störungen. Die Empörung der abgeschotteten Geisteshaltung beginnt in der Unwirklichkeit, sie führt durch manichäische Fantasien, welche die Welt in Gut und Böse unterteilen (wobei sie selber immer auf der guten Seite ist), und sie endet in verschiedenen Weisen der Gewalt: verbal, physisch und so weiter.

* * *

Es gibt keine Impfung gegen die abgeschottete Geisteshaltung des belagerten Selbst, aber es gibt ein Gegenmittel. Es ist frei zugänglich und kostet uns nur unseren Stolz. Die »Selbstanklage« ist ein einfaches Mittel, formuliert von einem Mönch des sechsten Jahrhunderts, Dorotheus von Gaza, der sich der Weisheit der Wüstenväter bediente, die gezeigt hatten, dass Gott uns in Versuchung niemals alleinelässt. Indem wir uns selbst anklagen, »erniedrigen« wir uns selbst und machen Platz für das Handeln Gottes, das uns eint. Genauso wie die abgeschottete Geisteshaltung durch die Anklage anderer entsteht, so entsteht Einheit durch die Anklage meiner selbst. Anstatt sich zu rechtfertigen – den Geist der Selbstgenügsamkeit und Arroganz – drückt die Selbstanklage das aus, was Jesus in den Seligpreisungen die Armut des Geistes nennt. Es ist der Kontrast zwischen dem Zöllner und dem Pharisäer, den Jesus im Lukasevangelium (18,9–14) zeichnet. Der Zöllner betet »Gott, sei mir Sünder gnädig!«, während der andere – der Gott dafür dankt, nicht wie die anderen zu sein – überhaupt nicht beten kann.

Dieses »Sich-selbst-Erniedrigen« ahmt das Herabkommen und das Der-Welt-nahe-Kommen Gottes nach, die *synkatábasis*. Es ist die Demut, die eigenen Fehler zu bekennen, nicht aber sich selbst zu bestrafen – was auch wieder sich selber zum Verantwortlichen machen würde – und es ist die Anerkennung unserer Abhängigkeit von Gott und unser Bedürfnis nach seiner Gnade. Anstatt andere wegen ihrer Fehler und Grenzen anzuklagen, finde ich einen Fehler oder eine Einstellung in mir selber. Und dann wende ich mich an meinen Schöpfer und Gott und bitte Ihn um die Gnade, die ich brauche, um voranzugehen, zuversichtlich, dass Er mich liebt und sich um mich sorgt. Anstatt mich vor Gott zu verschließen, öffne ich die Tür für Ihn, sodass Er in und durch mich handeln kann, denn Gott zwingt unserer Freiheit niemals etwas auf. Er will eingeladen sein. Wenn dies geschieht, so meine Erfahrung, dann kritisiere ich nicht meinen Bruder oder meine Schwester, sondern sehe in ihm oder ihr einen Menschen, der ebenfalls kämpft und Hilfe braucht, und ich biete mich an im Dienst für ihn oder sie.

Sich selbst anzuklagen, mit Zuversicht in die Gnade Gottes, stellt den bösen Geist bloß, der den Halt verliert. Oft kommt das, was uns voneinander trennt, nicht von verschiedenen Sichtweisen, sondern vom bösen Geist, der sich hinter diesen Sichtweisen verbirgt und durch den ansteckenden Kreislauf von Anklage und Gegenanklage verborgen bleibt. So wie das, was mich von meinem Bruder und meiner Schwester trennt, mein (und ihr) Geist der Selbstgenügsamkeit und Überlegenheit ist, so ist das, was uns verbindet, unser gemeinsames Ungenügen, unsere gegenseitige Abhängigkeit von Gott und voneinander. Wir sind keine Rivalen mehr, sondern Mitglieder derselben Familie. Wir mögen streiten und uns widersprechen, aber wir sind nicht mehr in einer bösartigen Spirale des gegenseitigen Antagonismus gefangen. Wir denken nicht gleich, aber wir sind Teil desselben Leibes, der sich gemeinsam bewegt.

Gleich wie Jona die Ikone der abgeschlossenen Geisteshaltung ist, ist der Zollpächter Zachäus (LUKAS 19,1–10) das große Beispiel für jemanden, der seiner Isolation entsagt. Zachäus war ein Zöllner, der auf Kosten der Menschen lebte. Als aber Jesus in seine Stadt kam, kletterte er auf einen Baum, um ihn sehen zu können; in ihm war der Wunsch, befreit zu werden von der kalten Einsamkeit, in die seine abgeschlossene Geisteshaltung ihn gebracht hatte. Jesus ruft Zachäus aus seiner Selbstgenügsamkeit herab, um sich dem Volk anzuschließen, und Zachäus verspricht, seinen Reichtum in den Dienst der anderen zu stellen. Er nimmt die Barmherzigkeit an und wird durch die Barmherzigkeit gewandelt. Jetzt ist er frei, eine neue Zukunft aufzubauen, an der Seite anderer und von unten, in dem geduldigen Kampf, der jede Arroganz wegbrennt.

Den Weg der Anklage anderer ignoriert Gott; Selbstanklage öffnet uns für Ihn. Vor Gott ist niemand unschuldig, aber uns allen wird vergeben, wenn wir unsere Sünden erkennen und bereuen und Scham für unsere Fehler empfinden. Auf diese Weise werden wir davon befreit, unsere Kontrahenten als unsere Feinde zu sehen. Selbstanklage ist das Gegenmittel zum Virus der abgeschlossenen Geisteshaltung, und Demut vor Gott der Schlüssel, der Geschwisterlichkeit und sozialen Frieden aufschließt.

Lass nicht zu, dass das Unrecht, von dem du glaubst, dass ein anderer es dir angetan hat, in dir das Abgleiten in die abgeschlossene Geisteshaltung auslöst. Wie Dorotheus sagt: Verdächtigungen und Unterstellungen sind voller Bosheit und lassen die Seele niemals in Frieden.[15]

* * *

Da die öffentliche Arena zunehmend vom belagerten Selbst beherrscht wird – ängstlich, kontrollierend, schnell beleidigt, sich selbst rechtfertigend –, läuft unsere Gesellschaft Gefahr, immer mehr gespalten und fragmentiert zu werden. Vor einer Ansteckung davon ist die Kirche nicht immun. Wie verhalten wir uns in Kontexten der tribalistischen Spaltungen, wenn unsere Politik, unsere Gesellschaft, unsere Medien manchmal wie ein einziges langes Geschrei wirken, bei dem die Gegner versuchen, sich gegenseitig in einem Machtspiel »auszulöschen«? Die wachsende verbale Gewalt reflektiert die Fragilität des Selbst, einen Verlust der Wurzeln. Sicherheit wird gefunden in der Abwertung anderer durch Narrative, die uns das Gefühl der Rechtschaffenheit geben und uns Gründe liefern, andere zum Schweigen zu bringen. Das Fehlen ehrlichen Dialogs in unserer öffentlichen Kultur macht es schwieriger, einen gemeinsamen Horizont zu schaffen, auf den wir uns zusammen zubewegen können.

Mit dem Einsetzen der Lähmung durch Polarisierung wird das öffentliche Leben auf einen Streit um Vorherrschaft zwischen den Fraktionen reduziert. In meiner Ansprache vor dem US-Kongress habe ich auf die Versuchung eines vereinfachenden Reduktionismus hingewiesen, der nur Gut oder Böse oder die Rechtschaffenen und die Sünder sieht – das bereits erwähnte Jona-Syndrom. Vor dem Kongress sagte ich: »Die heutige Welt mit ihren offenen Wunden, unter denen so viele unserer Brüder und Schwestern leiden, verlangt, dass wir jeder Form von Polarisierung entgegentreten, die eine Aufteilung in diese beiden Kategorien versucht. Wir wissen, dass wir in dem Bestreben, uns von dem äußeren Feind zu befreien, in die Versuchung geraten können, den inneren Feind zu nähren.«[16]

Ich habe vom »inneren Feind« gesprochen, weil Polarisierung auch eine spirituelle Wurzel hat. Die Polarisierung wird von einigen Medien und einigen Politikern verstärkt und verschlimmert, aber sie entsteht im Herzen. In einem polarisierten Umfeld müssen wir uns des bösen Geistes bewusst sein, der in die Spaltung eintritt und eine Abwärtsspirale von Anschuldigungen und Gegenanschuldigungen erschafft. Ein alter Begriff für den Teufel ist der Große Ankläger. Hier, in der verbalen Gewalt, in Verleumdung und in überflüssiger Grausamkeit finden wir seine Höhle. Es ist besser, sie nicht zu betreten. Mit dem Ankläger debattiert oder spricht man nicht, weil das bedeutet, seine Logik zu übernehmen, in der Geister als vernünftige Gründe getarnt sind. Man muss ihm mit anderen Mitteln widerstehen, ihn austreiben, wie es Jesus tat. Es ist wie beim Coronavirus: Wenn der Virus der Polarisierung sich nicht von Wirt zu Wirt verbreiten kann, dann wird er allmählich verschwinden.

Anstatt uns im Labyrinth von Anklage und Gegenanklage fangen zu lassen, was den bösen Geist in einem Gewebe aus falschen Gründen und Rechtfertigungen verbirgt, müssen wir den bösen Geist dazu bringen, sich zu zeigen. Das ist es, was Jesus uns vom Kreuz herab lehrt. In Sanftmut und Ohnmacht zwang er den Teufel, sich zu zeigen: Der Ankläger verwechselt Schweigen mit Schwäche und verdoppelt seinen Angriff, wodurch er seinen Zorn und damit sein Wesen offenbart.

Unsere Hauptaufgabe besteht jedoch nicht darin, uns von der Polarisierung zu lösen, sondern mit Konflikten und Meinungsverschiedenheiten so umzugehen, dass wir nicht in die Polarisierung abgleiten. Das bedeutet, die Spaltung aufzulösen, indem wir neues Denken zulassen, das diese Spaltung übersteigen kann. Auf diese Weise führen Trennungen nicht zu sterilen Polarisierungen, sondern tragen wertvolle neue Früchte. Dies ist eine wichtige Aufgabe für unsere Zeit der Krise. Vor großen Herausforderungen stehend, die an vielen Fronten gleichzeitig angegangen werden müssen, werden wir uns in der Kunst des zivilgesellschaftlichen Dialogs üben müssen, der verschiedene Ansichten auf einer höheren Ebene zusammenführt.

Diese Art der Politik ist mehr als nur Wahlkampf und Debatte, wo es darum geht, zu überreden und zu besiegen. Sie ist eher wie das gemeinnützige Handeln, in dem es um die gemeinsame Suche nach gemeinsamen Lösungen zum Nutzen aller geht. Für diese Aufgabe brauchen wir die Demut, das, was wir als falsch empfinden, wegzulassen, und den Mut, andere

Standpunkte als unsere eigenen zu berücksichtigen, wenn sie denn Elemente der Wahrheit enthalten.

Die Bereitschaft, den Konflikt auszuhalten und ihn zum Ausgangspunkt eines neuen Prozesses zu machen, ist eine wertvolle Aufgabe für uns alle. Mit den Worten »Selig, die Frieden stiften« (MATTHÄUS 5,9) meinte Jesus sicherlich genau diese Aufgabe.

* * *

Guardini gab mir eine verblüffende Einsicht beim Umgang mit Konflikten, indem er ihre Komplexität analysierte und dabei jeglichen vereinfachenden Reduktionismus vermied: Es gibt Unterschiede, die in Spannung zueinander stehen, und diese ziehen auseinander, aber alles koexistiert innerhalb einer größeren Einheit.

Zu verstehen, wie offenbare Widersprüche metaphysisch durch Unterscheidung zu lösen sind, war das Thema meiner Doktorarbeit über Guardini, für die ich 1986 zu Forschungszwecken nach Deutschland ging. Ich habe einige Jahre daran gearbeitet, sie aber nie beendet. Aber die Arbeit hat mir sehr geholfen, besonders beim Umgang mit Spannungen und Konflikten. (Mehr als zwanzig Jahre später, 2012, nachdem ich das 75. Lebensjahr vollendet hatte und dachte, Papst Benedikt würde meinen Rücktritt als Erzbischof von Buenos Aires annehmen, habe ich überlegt, die Arbeit doch noch zu beenden. Aber im März 2013 wurde ich dann in ein anderes Bistum versetzt. Und schließlich habe ich alles, was ich geschrieben hatte, einem Priester gegeben, der Guardini studierte.[17])

Eine der Auswirkungen von Konflikten ist, als Widerspruch zu sehen, was in Wirklichkeit ein Gegensatz ist. Ein Gegensatz bringt zwei sich gegenseitig abstoßende Pole in Spannung zueinander: Horizont/Begrenzung, lokal/global, das Ganze/ein Teil, und so weiter. Es sind Gegensätze, die trotz allem in fruchtbarer, kreativer Spannung zueinander stehen. Wie Guardini es mich gelehrt hat, ist die Schöpfung voller lebendiger Gegensätze, sie lassen uns lebendig und dynamisch sein. Widersprüche auf der anderen Seite verlangen unsere Entscheidung zwischen Richtig und Falsch (Gut und Böse hingegen können nie ein Gegensatz sein, weil das Böse nicht gegen das Gute steht, sondern es negiert.)

Gegensätze als Widersprüche zu sehen ist Ergebnis mittelmäßigen Denkens, das uns von der Wirklichkeit entfernt. Der böse Geist – der Geist des Konflikts, der Dialog und Geschwisterlichkeit schwächt – macht aus Gegensätzen Widersprüche und verlangt so unsere Entscheidung. Er reduziert die Wirklichkeit auf eine binäre Lösung. Das tun Ideologien und skrupellose Politiker. Wenn wir also auf einen Widerspruch stoßen, der uns nicht erlaubt, uns in Richtung einer echten Lösung zu bewegen, dann wissen wir, dass wir es mit einem reduktiven, einseitigen geistigen Schema zu tun haben, das wir versuchen müssen, zu überwinden.

Aber der böse Geist kann auch die Spannung zwischen zwei Polen in einem Gegensatz leugnen und sich stattdessen für eine Art statische Koexistenz entscheiden. Das ist die Gefahr des Relativismus oder einer falschen Friedfertigkeit, einer Haltung des »Friedens um jeden Preis«, in dem es um die Vermeidung jeglichen Konflikts geht. In diesem Fall kann es keine Lösung geben, weil Spannung verneint und sich selbst überlassen wird. Es ist außerdem die Weigerung, die Wirklichkeit zu akzeptieren.

Es sind also zwei Versuchungen: auf der einen Seite die Versuchung, uns in das Banner der einen oder der anderen Seite zu hüllen und so den Konflikt zu verschlimmern; auf der anderen Seite die Versuchung, den Konflikt als solchen zu vermeiden, die dazugehörende Spannung zu verleugnen und unsere Hände in Unschuld zu waschen.

Die Aufgabe des Versöhners hingegen ist es, den Konflikt zu »ertragen«, ihn anzunehmen, und indem er unter die Oberfläche geht, die Gründe für die Meinungsverschiedenheiten zu erkennen. Er öffnet so den Beteiligten die Möglichkeit einer neuen Synthese, die keine der beiden Pole negiert, sondern das Gute und Gültige in beiden Polen in einer neuen Perspektive bewahrt.

Dieser Durchbruch kommt als Geschenk im Dialog zustande, wenn Menschen einander vertrauen und demütig gemeinsam das Gute suchen und bereit sind, in einem gegenseitigen Austausch voneinander zu lernen. In solchen Momenten erscheint die Lösung eines hartnäckigen Problems in unerwarteter und unvorhergesehener Weise, als Ergebnis einer neuen und größeren Kreativität, die sozusagen von außen her freigesetzt wurde. Das meine ich mit »Überfließen«, weil es die unser Denken begrenzenden Ufer überwindet. Es bewirkt, dass die Antworten, die wir früher durch den Gegensatz nicht sehen konnten, wie aus einem überquellenden Brunnen strömen. Wir erkennen in diesem Prozess ein Geschenk Gottes, weil es dasselbe Wirken des Geistes ist, das in der Heiligen Schrift beschrieben und in der Geschichte offenkundig geworden ist.

Überfließen ist eine der möglichen Übersetzungen für das griechische *perisseuo*, das Wort, das der Psalmist in Psalm 23 für das Überfließen des Bechers gebraucht. Es ist das von Jesus versprochene überfließende Maß (LUKAS 6,38), das uns in den Schoß gelegt wird, wenn wir vergeben. Es ist das Substantiv, das im Johannesevangelium das Leben beschreibt, das zu bringen Jesus gekommen ist. Und es ist das Adjektiv, das Paulus benutzt (2 KORINTHER 1,5), um Gottes Großzügigkeit zu beschreiben. Es ist das Herz Gottes selbst, das in jener berühmten Passage vom Vater, der seinem verlorenen Sohn entgegeneilt, überfließt. Es ist der Gastgeber der Hochzeit, der Gäste von den Wegen und von den Feldern für das Festmahl einlädt. Es ist der die Netze zerreißende Fischfang nach einer Nacht ergebnisloser Arbeit. Und es ist das Waschen der Füße der Jünger durch Jesus in der Nacht, bevor er starb.

Dieses Überfließen der Liebe geschieht vor allem an den Scheidewegen des Lebens, den Momenten der Offenheit, der Schwäche und Demut, wenn der Ozean Seiner Liebe die Dämme unserer Selbstgenügsamkeit sprengt und so eine neue Vorstellung des Möglichen erlaubt.

* * *

Als Papst war es immer mein Anliegen, solch ein Überfließen in der Kirche durch die alte Praxis der *Synodalität* neu zu beleben. Dieses alte Vorgehen wollte ich aber nicht nur für die Kirche neu entwickeln, sondern auch als Dienst an der Menschheit, die so oft in lähmenden Streitigkeiten gefangen ist.

Der Begriff stammt von dem griechischen *syn-odos*, »miteinander gehen«, und genau das ist auch das Ziel: Es geht weniger um das Herstellen von Einigkeit, sondern es geht um das Erkennen, Respektieren und Versöhnen von Unterschieden auf einer höheren Ebene, wo das Beste von allem behalten werden kann. In der Dynamik einer Synode werden Unterschiede ausgedrückt und besprochen, bis zum Erreichen, wenn nicht eines Konsenses dann doch einer Harmonie, die an den scharfen Tönen ihrer Unterschiede festhält. Dasselbe geschieht in der Musik: Mit sieben unterschiedlichen Noten, mit den Vorzeichen Kreuz und B wird eine Harmonie geschaffen, die eine bessere Artikulation der Besonderheit jeder einzelnen Note ermöglicht. Genau hier liegt ihre Schönheit: Die entstehende Harmonie kann komplex, reich und unerwartet sein. In der Kirche ist es der Heilige Geist, der diese Harmonie schafft.

Den Beginn der kirchlichen Synodalität sehe ich in der alten Kirche, als die Apostel zusammenkamen, um eine sie spaltende Frage zu entscheiden: Sollten Nichtjuden an die jüdischen Gesetze und Gebräuche wie etwa die Beschneidung gebunden sein, wenn sie Christen wurden? Nach Diskussion und Gebet und einigen bitteren Auseinandersetzungen erwägten sie, wie Gott durch die Nichtjuden Zeichen und Wunder unter ihnen gewirkt hatte, denn Gott kann in der Erfahrung des täglichen Lebens erkannt werden. Sie erklärten: »Der Heilige Geist und wir haben beschlossen« (APOSTELGESCHICHTE 15,28), dass nichtjüdische Christen nicht an das jüdische Gesetz gebunden seien.

Dieser Schritt hat den Verlauf der Geschichte verändert. Gott war einen Bund der Erlösung mit einem einzigen Volk, dem jüdischen Volk, eingegangen. Diesen Bund griff Christus auf und bot ihn der Menschheit, unabhängig von Herkunft,

Nation oder Sprache an. Deswegen war das Christentum auch nie auf eine bestimmte Kultur beschränkt, sondern wurde von den Kulturen der Völker, in denen es Wurzeln fasste, bereichert. Jedes dieser Völker erfährt die Gaben Gottes entsprechend seiner eigenen Kultur, und in jedem von ihnen drückt die Kirche ihre wahre Katholizität aus, die Schönheit ihrer vielen verschiedenen Gesichter.

Die Erfahrung der Synode ermöglicht es uns, nicht nur trotz unserer Unterschiede einen gemeinsamen Weg zu gehen, sondern auch die Wahrheit zu suchen und den Reichtum der gegensätzlichen Spannungen aufzunehmen. Durch die gesamte Geschichte der Kirche hindurch hat es viele Durchbrüche auf Konzilien gegeben. Am wichtigsten ist aber diese Harmonie, die uns ein gemeinsames Vorangehen auf demselben Weg ermöglicht, selbst bei all den Schattierungen unserer Unterschiede.

Dieser synodale Ansatz ist etwas, was unsere Welt jetzt dringend braucht. Anstatt die Konfrontation zu suchen oder den Krieg zu erklären, wobei jede Seite auf den Sieg über die anderen hofft, brauchen wir Prozesse, die es ermöglichen, Differenzen so auszudrücken, zu hören und reifen zu lassen, dass wir gemeinsam auf dem Weg sein können ohne das Bedürfnis, jemanden zu zerstören. Das ist harte Arbeit; der Ansatz braucht Geduld und Engagement – vor allem füreinander. Bei dauerhaftem Frieden geht es darum, Prozesse des gegenseitigen Zuhörens zu schaffen und aufrechtzuerhalten. Wir bauen ein Volk nicht mit den Waffen des Krieges auf, sondern in der produktiven Spannung des gemeinsamen Gehens.

Bei dieser Aufgabe helfen Mediatoren. Vereinbarungen zu treffen, die einen Bruch verhindern und es allen Seiten ermöglichen, weiterhin gemeinsam zu gehen, ist eine entscheidende Rolle von Recht und Politik. Mediation ist eine Wissenschaft, aber auch eine Übung in menschlicher Weisheit. In Recht und Politik spielt der Mediator eine analoge Rolle zu der des Heiligen Geistes bei der Synode, er hält Unterschiede zusammen, bis sich neue Horizonte öffnen.

Im besten Fall ist es das, was zum Beispiel in der Europäischen Union geschieht: Versöhnung in der Differenz. Die EU hat eine schwierige Zeit durchgemacht. Aber zuzusehen, wie sich ihre Mitglieder auf ein Coronavirus-Rettungspaket einigten – all diese unterschiedlichen Interessen und Ansichten, das emotionale Verhandeln und Aushandeln –, war ein Beispiel für diesen Versuch, die Differenzen im Rahmen einer allgemeinen Bemühung um Einheit in Harmonie zu bringen. Das meine ich mit dem Vergleich zur Synodalität und warum vielleicht unsere Erfahrungen innerhalb der Kirche unserer Welt insgesamt helfen können. Sehen wir uns an, was geschehen ist, und lernen wir vielleicht daraus einige Lektionen.

* * *

Während meiner bisherigen Amtszeit als Papst hat es drei Synoden gegeben: über die Familie, über die Jugend und über Amazonien. Bei jeder haben sich über 200 Bischöfe, Kardinäle und Laien aus der ganzen Welt versammelt, um über einen Zeitraum von normalerweise etwa drei Wochen gemeinsam zu unterscheiden. Zum Abschluss haben dann die Bischöfe über das Schlussdokument abgestimmt. Dieser vom heiligen Paul VI. eingeleitete Prozess ist gewachsen und hat sich weiterentwickelt und dabei neue Fragen aufgeworfen, die es zu beantworten gilt. Deswegen möchte ich in Zukunft eine Synode zum Thema der Synodalität abhalten.[18] Die bisher von mir eingeführten Änderungen haben zur Folge, dass die Synoden, die alle zwei oder drei Jahre hier in Rom stattfinden, freier und dynamischer sind und mehr Zeit für ehrliche Diskussionen und für Zuhören bieten.

Synodalität beginnt damit, auf das gesamte Volk Gottes zu hören. Eine lehrende Kirche muss zuerst eine hörende Kirche sein. Der Meister war ein guter Meister, weil er wusste, was es heißt, ein guter Jünger zu sein (PHILIPPER 6,2–11). Die Gläubigen einzubeziehen ist wesentlich, denn wie das Zweite Vatikanische Konzil uns gelehrt hat, sind die Gläubigen als Ganzes vom Heiligen Geist gesalbt und können »im Glauben nicht irren«[19].

So begann jede der in Rom abgehaltenen Synoden mit von den Ortskirchen organisierten weitgehenden Diskussionen und Konsultationen, bei denen Themen und Anliegen gesammelt wurden, die dann im »Vorbereitungsdokument« für die Diskussionen ausgedrückt wurden. In der Versammlung selbst sind viele verschiedene Stimmen und Perspektiven vertreten: Laien, eingeladene Experten und Delegierte aus anderen Kirchen, die alle einen wichtigen Beitrag zur Unterscheidung leisten. Auf diese Weise folgen wir alle einem Prinzip, das der Kirche des ersten Jahrtausends teuer war: *Quod omnes tangit ab omnibus tractari debet* (Was alle angeht, muss von allen beraten werden).[20]

Deswegen freue ich mich darüber, wie Ortskirchen Prozesse beginnen, die Synodalität in die Praxis umsetzen. In Australien zum Beispiel läuft ein mehrjähriger Prozess, an dem Hunderttausende von Menschen beteiligt sind, die sich fragen, wie sie als Kirche noch integrierender, barmherziger und geistlicher sein können, offener für Bekehrung, Erneuerung und Mission.

Beim Sprechen über Synodalität ist es wichtig, Lehre und Tradition nicht mit den Normen und Methoden der Kirche zu verwechseln. Was bei den synodalen Versammlungen diskutiert wird, sind nicht die traditionellen Wahrheiten der christlichen Lehre. Die Synode befasst sich vor allem damit, wie Lehre in den sich wandelnden Kontexten unserer Zeit gelebt und angewendet werden kann. Die drei Synoden – über die Familie (2014 und 2015), die Jugend (2018) und über Amazonien (2019) – haben entscheidend dazu beigetragen, neue Wege für die Sorge um Menschen und Orte mit besonderen Herausforderungen aufzuzeigen.

Was den synodalen Weg wesentlich ausmacht, ist die Rolle des Heiligen Geistes. Wir hören, wir diskutieren in Gruppen, aber vor allem anderen achten wir darauf, was der Geist uns zu sagen hat. Deswegen bitte ich alle darum, freimütig zu sprechen und sorgfältig zuzuhören, denn auch hier spricht der Geist zu uns. Offen für Veränderungen und neue Möglichkeiten ist die Synode für jeden eine Erfahrung der Bekehrung. Deswegen auch eine der Änderungen des Verfahrens: Zeiten der Stille zwischen den Redebeiträgen erlauben es den Anwesenden, die Bewegungen des Geistes besser spüren zu können.

Der Synoden-Prozess hat für intensive Diskussionen gesorgt, was gut ist: Er bringt unterschiedliche Reaktionen und Reaktionen auf diejenigen mit sich, die anders denken oder ungewöhnliche Positionen vertreten. Wir alle reagieren nicht auf dieselbe Weise. In vielen Fällen haben wir auch gesehen, dass im Angesicht von Uneinigkeit einige Gruppen sich in den Synoden-Prozess einmischen wollten und versuchten, ihre Ideen durch Druck innerhalb oder außerhalb der Synode durchzusetzen, indem sie die Ansichten von Andersdenkenden verzerrten und diskreditierten.

Auch das ist ein gutes Zeichen, weil immer da, wo der Geist wirkt, es auch die Versuchungen gibt, ihn zum Verstummen zu bringen oder von ihm abzulenken. (Wenn der Geist nicht da wäre, würden sich diese Kräfte gar nicht bemühen.) Wir haben etwas vom bösen Geist in dem »Lärm« außerhalb der Synodenaula mitbekommen, und auch drinnen: in der Angst, in der Panik, in der Behauptung, dass die Synode eine Verschwörung zum Untergraben der kirchlichen Lehre sei, dass die Kirche sich neuem Denken verschließe, und so weiter. Das sind Zeichen der abgeschlossenen Geisteshaltung, über die wir uns schon unterhalten haben, und Zeichen der Frustration des bösen Geistes, der im Scheitern seiner Versuchungen mit wilden Anklagen um sich wirft (aber selbstverständlich niemals mit *Selbst*-Anklagen).

Auch in der Synodenaula gibt es die Versuchung, dem zu widerstehen, was der synodale Prozess mit sich bringt: sich das Monopol der Wahrheitsauslegung anzumaßen und zu versuchen, seine Ideen durch Druck oder durch Diskreditierung Andersdenkender dem ganzen Leib aufzuzwingen. Einige Teilnehmer waren schnell dabei, unnachgiebige Positionen einzunehmen, was eine Besessenheit von der Reinheit der Doktrin verriet, als ob sie bedroht wäre und sie ihre Hüter wären. Andere beharrten auf progressiven Kriterien, die nicht im Einklang mit dem Evangelium und der Tradition stehen. Dies ist eine der Gaben des Geistes im Synodenprozess:

verborgene Interessen und Ideologien aufzudecken. Deswegen können wir nicht über die Synodalität sprechen, ohne dass wir die Anwesenheit des Heiligen Geistes akzeptieren und leben.

Das Evangelium muss im Licht der Heilsgeschichte und der Tradition gelesen und interpretiert werden. Andere Mittel können zu einem besseren Verstehen beitragen, indem sie bisher unerforschte Reichtümer aus dieser Quelle lebenden Wassers hervorheben, identifizieren und bewerten.

Eine andere, Menschen oft verwirrende Versuchung war die, die Synode als eine Art von Parlament und getragen von »politischer Auseinandersetzung« zu behandeln, in der, um regieren zu können, eine Seite die andere schlagen muss. Einige Leute haben versucht, wie es Politiker tun, um Unterstützung für ihre Positionen zu sammeln: durch Warnungen in den Medien oder durch Appelle, Meinungsumfragen durchzuführen. Das geht gegen den Geist der Synode als einen geschützten Ort von Unterscheidung in Gemeinschaft.

Den Medien kommt eine Schlüsselrolle bei der Öffnung der Synode für das Volk Gottes und die weitere Welt zu, um Kommunikation zu schaffen und Menschen zu helfen, die Probleme und Herausforderungen zu verstehen, mit denen die Kirche konfrontiert ist. Aber in einigen Fällen haben Journalisten Gegensätze mit Polarisierungen verwechselt. So wurde die Synoden-Dynamik auf allzu simple Schwarz-Weiß-Lösungen reduziert, als ob die Synode ein dramatischer Showdown zwischen gegnerischen Kräften wäre. So fühlt sich das in der Synodenaula nicht an. Manchmal untergräbt jedoch das Narrativ der Medien am Ende die Fähigkeit zur Unterscheidung.

Wir haben dies bei der Synode über die Familie gesehen, deren Ziel es war, einige der »kasuistischen« Denkweisen zu überwinden, welche die Kirche daran hindern, an schwierige Geschichten mit dem nuancierten Ansatz der eigenen gesunden Tradition heranzugehen. Jesus verurteilt diese Kasuistik der Schriftgelehrten, zum Beispiel in Kapitel 23 des Matthäusevangeliums. Die Verwendung dieser Kategorien zur Beurteilung von Situationen machte es schwierig, die Komplexität von Umständen im wirklichen Leben zu erfassen. Sie behinderte außerdem die Fähigkeit der Kirche, Menschen Unterstützung und Beratung aufgrund biblischer Werte anzubieten.

Die Frage bei der Familien-Synode ging natürlich viel weiter als die spezifische Frage nach der Seelsorge für geschiedene oder getrennt lebende und wiederverheiratete Frauen und Männer, wie einige glaubten. Aber die Deutung durch mit bestimmten Gruppen verbundene Medien hat alles auf diesen einen Punkt vereinfacht und reduziert, als ob diese Synode einzig und allein zur Entscheidung einberufen worden wäre, ob Geschiedene und Wiederverheiratete die Kommunion empfangen dürfen oder nicht. Das verwendete Narrativ war, dass die Kirche entweder die »Regeln lockern« oder ihre »strenge« Haltung bewahren sollte. In anderen Worten: Die mediale Deutung durch dieses Narrativ hat genau die Kasuistik verstärkt, welche die Synode überwinden wollte.

Der böse Geist behinderte schließlich die Unterscheidung, begünstigte Positionen auf beiden Seiten (»dafür« oder »dagegen«) und führte dadurch zu lähmenden Konflikten. Dadurch wurden die Freiheit und Offenheit, die so wesentlich sind für die Synode, vermindert. Jede in »ihrer« Wahrheit verschanzte Seite blieb in ihrer eigenen Position gefangen.

Letztlich hat uns aber der Geist gerettet, in einem Durchbruch gegen Ende der zweiten Synodenversammlung zur Familie (Oktober 2015). Das Überfließen kam in diesem Fall vor allem durch Kenner des heiligen Thomas von Aquin zustande, darunter der Erzbischof von Wien, Kardinal Christoph Schönborn. Diese Kenner entdeckten die echte Morallehre der authentischen scholastischen Tradition des heiligen Thomas wieder und retteten diese vor dem dekadenten Scholastizismus, der zur kasuistischen Moral geführt hatte.

Wegen der immensen Vielfalt der Gegebenheiten und Umstände, in denen sich Menschen wiederfinden, führte die Lehre des Thomas, dass keine allgemeine Regel in jeder Situation gelten kann, die Synode zur Einigung über die Notwendigkeit einer Einzelfallprüfung. Das Kirchenrecht musste nicht geändert werden, nur die Weise seiner Anwendung. Durch das Eingehen auf die Besonderheiten eines jeden einzelnen Falles und die Aufmerksamkeit für die Gnade Gottes, welche im Leben der Menschen wirkt, können wir uns von einem Schwarz-Weiß-Moralismus lösen, der Wege der Gnade und des Wachsens zu verschließen drohte. Es war weder eine Verschärfung noch eine Lockerung der »Regeln«, sondern deren Anwendung auf eine Weise, die Raum für diejenigen Umstände ließ, welche nicht ordentlich in Kategorien passten.

Das war der große Durchbruch, den der Geist uns schenkte: eine bessere Synthese von Wahrheit und Barmherzigkeit in einem neuen, aus unserer eigenen Tradition gespeisten Verstehen. Ohne Recht oder Lehre zu ändern, aber durch die Wiederentdeckung ihrer authentischen Bedeutung, kann die Kirche nun besser Menschen begleiten, die zusammenleben oder geschieden sind. Sie kann ihnen helfen zu sehen, wo

Gottes Gnade in ihrem Leben wirkt, und die Lehre der Kirche in ihrer Gänze anzunehmen. Das achte Kapitel des postsynodalen Dokuments *Amoris Laetitia*, das ich im April 2016 veröffentlicht habe, ist die reine Lehre des Thomas von Aquin. Trotzdem bleibt es für einige immer noch schwer, diesen Prozess zu akzeptieren: ein Zeichen nicht nur dafür, wie viele von kasuistischen Positionen abhängig bleiben, sondern auch dafür, wie deren Absichten, Visionen und sogar Ideologien sie daran hinderten, den von der Tradition der Kirche gesicherten synodalen Weg anzuerkennen.[21]

* * *

Bei der Amazonas-Synode im Oktober 2019 kam es zu einer ähnlichen Polarisierung über ein zweitrangiges Thema, aber dieses Mal ohne eine Lösung durch ein Überfließen, jedenfalls bis jetzt.

Die Synode war einberufen worden, um die Herausforderungen für die Region und ihre Völker aufzuzeigen, darunter die Zerstörung des Regenwaldes, die Ermordung der Führungspersönlichkeiten der indigenen Gemeinschaften, die Marginalisierung der Indigenen und die Schwierigkeiten der Kirche in der Region. Trotzdem haben einige Leute in und durch die Medien den gesamten synodalen Prozess erneut auf eine Frage reduziert, und zwar ob die Kirche verheiratete Männer, sogenannte *viri probati*, zu Priestern weihen würde, auch wenn diese Frage im Vorbereitungsdokument nur drei Zeilen eingenommen hatte.

Die Einbildung, dass es bei dieser Synode vor allem um dieses Thema gegangen sei, hat die enormen Herausforderungen für diese Weltregion heruntergespielt und simplifiziert. Das ging bis dahin, dass, als meine apostolische Exhortation *Querida Amazonia* im Februar 2020 herauskam, einige entweder enttäuscht oder erleichtert waren, weil »der Papst diese Tür nicht geöffnet hatte«. Es war, als ob niemand an den ökologischen, kulturellen, sozialen und pastoralen Dramen der Region interessiert sei; die Synode war »gescheitert«, weil sie nicht die Weihe von *viri probati* erlaubt hatte.

In Wirklichkeit war diese Synode in vielerlei Hinsicht ein Durchbruch. Sie hat uns einen klaren Auftrag und eine Vision gegeben, den Indigenen, den Armen und dem Land zur Seite zu stehen; und den Auftrag, die Kultur und die Schöpfung gegen die mächtigen Kräfte des Todes und der Zerstörung zu verteidigen, die nur vom Profit angetrieben werden. Sie legte das Fundament für eine Kirche in Amazonien, die tief in die lokale Kultur eingebettet ist, mit einer starken Beteiligung aktiver Laien. Darüber hinaus hat sie Prozesse wie die Schaffung einer Bischofskonferenz in Amazonien initiiert. Aber von diesem Fortschritt wurde wenig berichtet. Amazonien und seine Völker wurden einmal mehr ignoriert und zum Schweigen gebracht, weil Medien und Lobbygruppen entschieden hatten, dass die Synode einberufen worden war, um ein spezielles Problem zu lösen.

Während es keine Lösung in dieser Frage gab, traten andere Fragen in den Vordergrund, die zumindest ich nicht vorhergesehen hatte und die im Vorbereitungsdokument auch nicht angesprochen worden waren. Das ist eines der großen Geschenke des synodalen Prozesses: Manchmal zeigt uns der Geist, dass wir in die falsche Richtung schauen und dass das, worum es unserer Meinung nach geht, nicht das Thema ist.

Gemeinsam gehen und hören auf das, was der Geist der Kirche zu sagen hat, bedeutet, die scheinbare Reinheit unserer eigenen Positionen zu entlarven und das Unkraut zu entdecken, das unter dem Weizen wächst (MATTHÄUS 13,24–30).

Ein Thema, das auftauchte, war das Zögern vieler Priester aus einigen der neun Länder, in denen der Amazonas-Regenwald liegt, sich als Missionare in die Region senden zu lassen. Sie ziehen es vor, ins Ausland zu gehen, nach Europa und in die Vereinigten Staaten, wo die Lebensbedingungen angenehmer sind. Auf der Synode wurde also ein konkretes pastorales Problem deutlich, das die Bischöfe dieser Länder dringend lösen müssen: der Mangel an Solidarität und missionarischem Eifer in den Herzen vieler unserer Priester.

In anderen Worten: Der Mangel an sonntäglichen Messfeiern in einigen Regionen – Anlass für die Frage nach den *viri probati* – lag klar nicht nur am Mangel an geweihten Priestern, sondern war ebenfalls Teil eines breiteren Mangels an missionarischem Engagement für Amazonien. Zu sagen, dass das Problem einfach in der Abwesenheit von zur Verfügung stehenden Priestern bestehe, verschleiert ein komplexeres Problem.

Während des Synoden-Prozesses selbst habe ich gesehen, dass es einige Bereiche gibt, in denen wir weiter kommen könnten, in denen wir aber gelähmt sind. Auch das war wieder ein Geschenk des Geistes in der Synode: Er zeigt uns Blockaden, die uns daran hindern, die uns bereits geschenkten Gnaden Gottes anzunehmen. Warum gibt es zum Beispiel nicht genug ständige Diakone in der Amazonas-Region? Ständige Diakone sind unerlässlich für eine Hauskirche, die ihre Ausdrucksform im Wort und im Dienst findet. In Amazonien kann ihre Familie – Mann und Frau und ihre Kinder – eine missionarische Gemeinschaft im Zentrum eines Netzwerks von Beziehungen sein.[22]

Die Synode hat gezeigt, dass die Kirche in Amazonien überall in dieser Region ihre Präsenz an der Basis entwickeln muss, um an der Seite der Menschen zu stehen und ihre Kulturen und die Natur zu verteidigen. Das kann nur geschehen, wenn den Laien dabei die entscheidende Rolle gegeben wird. Es sind die Katechetinnen und Katecheten, die vor allem die Aufgabe der Verkündigung der Frohen Botschaft des Evangeliums übernehmen, und das in der Sprache und den Bräuchen der Menschen, denen sie dienen. Deshalb ist es, glaube ich, von entscheidender Bedeutung, den Laien und insbesondere den Frauen, die so viele der Gemeinschaften in der Region leiten, zu vertrauen, um eine unverwechselbare amazonische Heiligkeit wachsen zu lassen, die in Zukunft viele Früchte tragen wird. So wie ich die Unterscheidung der Synode lese, weist der Geist genau in diese Richtung.

* * *

Die Gefahr, in einem Konflikt gefangen zu werden, besteht darin, dass wir die Perspektive verlieren. Unsere Horizonte schrumpfen und wir verschließen uns Wegen, welche der Geist uns zeigt. Manchmal bedeutet gemeinsam unterwegs sein, die Meinungsverschiedenheiten auszuhalten, sodass sie später auf einer höheren Ebene überwunden werden können. Die Zeit ist wichtiger als der Raum und das Ganze wichtiger als seine Teile. Das war meine eigene innere Unterscheidung, und sie wurde durch die Entmutigung, mit der die Exhortation

Querida Amazonia begrüßt wurde, noch bestärkt. Das möchte ich erklären.

Innerhalb des Synodenprozesses sind Enttäuschung und ein Gefühl der Niederlage keine Zeichen des guten Geistes, denn sie sind aus unerfüllten Versprechen geboren, und der Herr hält immer seine Versprechen. Außerhalb des Synodenprozesses dagegen kann die Enttäuschung auch vom guten Geist kommen, vom Herrn, der uns zeigt, dass ein bestimmter von uns gewählter Weg nicht der richtige ist. Es kann die Art von Enttäuschung sein, die wir empfinden, nachdem wir etwas getan haben, von dem wir dachten, dass es uns Freude bereitet, dann aber später erkannt haben, dass es Zeitverschwendung oder noch Schlimmeres war. In einem Synodenprozess aber ist es wahrscheinlicher, dass solche Enttäuschungen eine Agenda enthüllen: Du bist gekommen, um etwas ganz Bestimmtes zu erreichen. Und wenn du das nicht bekommst, dann fühlst du dich ernüchtert. Du magst recht haben (oder auch nicht), aber diese Prozesse erfordern Zeit, Reife, Ausdauer und Entscheidung. Sie erfordern eine Aussaat, die von anderen geerntet wird. In anderen Worten, du bleibst in deinen Wünschen gefangen, anstatt zuzulassen, dass du von der sich schenkenden Gnade angerührt wirst.

Wenn ich einige sagen höre, dass sie von der Amazonas-Synode enttäuscht seien, frage ich mich: Haben wir nicht neue pastorale Wege eingeschlagen? Hat der Geist uns nicht die Notwendigkeit gezeigt, dem Wachsen einer bestimmten kirchlichen und von Laien gekennzeichneten Kultur zu vertrauen und diese zuzulassen? Denn wo immer ein besonderes Bedürfnis in der Kirche besteht, hat der Geist bereits die Gaben ausgegossen, die diesem entsprechen: Gaben, die empfangen werden müssen. Wie es *Querida Amazonia* sagt (Nr. 94): Wir müssen für kühne, neue Möglichkeiten offen sein, und dazu gehört die Notwendigkeit, die erhebliche Leitungsrolle von Frauen in kirchlichen Gemeinschaften in der Region auch formal anzuerkennen. All diese Zeichen des Geistes können leicht von einer verengten Fokussierung auf umstrittene Fragen wie die Erweiterung des Priestertums auf verheiratete Männer in den Hintergrund gedrängt werden.

Zusammen auf dem Weg sein, die Zeichen der Zeit erkennen, offen sein für die neuen Gaben des Geistes: So können wir von der Erfahrung der alten Kirche mit der Synodalität lernen. Es ist mein Anliegen, diese Synodalität wieder zu beleben.

Als Erstes brauchen wir ein respektvolles Aufeinander-Hören, frei von Ideologie und vorherbestimmten Agenden. Das Ziel besteht nicht darin, eine Einigung durch den Wettstreit gegensätzlicher Positionen zu erreichen, sondern gemeinsam den Willen Gottes zu suchen und dadurch die Unterschiede in Einklang zu bringen. Das Wichtigste dabei ist der synodale Geist: einander mit Respekt und Vertrauen zu begegnen, an unsere Einheit zu glauben, und das Neue empfangen, das der Geist uns offenbaren möchte.

Zweitens bedeutet das Neue manchmal, umstrittene Fragen durch Überfließen zu lösen. Durchbrüche können geschehen, oft in letzter Minute, und sie führen zu Einigungen, welche uns vorangehen lassen. Aber das »Überfließen« kann auch eine Einladung sein, unsere Denkweisen und unsere Linsen zu ändern, unsere Starrheit und unsere Agenda sein zu lassen und an Orten zu suchen, die uns vorher noch nie aufgefallen sind. Wir haben einen Gott der Überraschungen, der uns immer einen Schritt voraus ist.

Drittens: Es ist ein Geduld erfordernder Prozess, der für unsere ungeduldige Zeit nicht einfach ist. Aber vielleicht haben wir während des Lockdowns ja gelernt, besser mit ihm umzugehen.

Im Argentinien des neunzehnten Jahrhunderts, zu einer Zeit häufiger Kriege zwischen starken lokalen Gouverneuren, den sogenannten *Caudillos*, spielt die Geschichte eines *Caudillo*, der inmitten eines sintflutartigen Regens zum Rückzug blies. Er gab den Befehl, ein Lager aufzuschlagen, bis der Himmel aufklare. Aber während der Befehl von Mund zu Mund weitergegeben wurde, nahm er eine tiefere Bedeutung an: eine Art Weisheit, ein Ausdruck dessen, was die Menschen durchmachten, ein weiser Rat für Zeiten der Trübsal und des Konflikts.

Die Unterscheidung inmitten eines Konflikts erfordert es manchmal, gemeinsam unser Lager aufzuschlagen und darauf zu warten, dass der Himmel aufklart.

Die Zeit gehört dem Herrn. Im Vertrauen auf Ihn gehen wir mutig vorwärts und bauen durch Unterscheidung an der Einheit. So wollen wir Gottes Traum für uns und die vor uns liegenden Wege entdecken und verwirklichen.

Eine Zeit zum Handeln

In Zeiten der Krise und der Bedrängnis, wenn wir in unseren verhärteten Gewohnheiten durchgeschüttelt werden, dann kommt die Liebe Gottes, um uns zu reinigen und daran zu erinnern, dass wir ein Volk sind. Einst waren wir kein Volk, aber jetzt sind wir Gottes Volk (1 Petrus 2,10). Gottes Nähe ruft uns zusammen. »Du hast mich mit Freunden bekannt gemacht, die ich nicht kannte«, schreibt der Dichter Rabindranath Tagore. »Du hast das Entfernte nahe gebracht und den Fremden zum Bruder gemacht.«[23] Diese Zeit zum Handeln verlangt von uns, dass wir unser Zugehörigkeitsgefühl wiederfinden, das Wissen darum, dass wir Teil eines Volkes sind.

Was bedeutet es, »ein Volk« zu sein? Es ist eine Denkfigur, eine mythische Idee, nicht in dem Sinn, dass es Fantasie oder Fabel wäre, sondern eine Geschichte, die eine universelle Wahrheit fassbar und sichtbar macht. Viele Quellen speisen die mythische Vorstellung eines Volkes und drücken diese auch aus: historische, linguistische, kulturelle (vor allem in Musik und Tanz), aber vor allem sind es die kollektive Weisheit und das gemeinschaftliche Gedächtnis. Ein Volk wird von diesem Gedächtnis zusammengehalten, das in der Geschichte, in Bräuchen, Riten (religiösen oder nicht) und anderen Verbindungen, die das rein Materielle und Rationale übersteigen, bewahrt wird.

Am Anfang der Geschichte eines jeden Volkes steht die Suche nach Würde und Freiheit, eine Geschichte der Solidarität und des Kampfes. Für das Volk Israel war es der Exodus aus der Sklaverei in Ägypten. Für die Römer war es die Gründung ihrer Stadt. Für die Nationen des amerikanischen Kontinents war es der Kampf um die Unabhängigkeit.

So wie ein Volk in Zeiten des Kampfes, des Krieges und der Not zu einem Bewusstsein seiner gemeinsamen Würde gelangt, genauso kann ein Volk dieses Bewusstsein auch vergessen. Ein Volk kann sich seiner eigenen Geschichte nicht mehr bewusst sein. Zeiten des Friedens und Wohlstands tragen in sich immer das Risiko, dass die Menschen sich in eine Masse auflösen, ohne ein sie verbindendes und einendes Prinzip.

Wenn das geschieht, dann lebt das Zentrum auf Kosten der Ränder, Menschen teilen sich in konkurrierende Stämme auf und die Ausgebeuteten und Verachteten sind erfüllt von Verbitterung angesichts der Ungerechtigkeiten. Anstatt des Bewusstseins, Mitglieder eines Volkes zu sein, haben wir ein Ringen um Dominanz, das Gegensätze in Widersprüche verwandelt. Deswegen sehen die Menschen die Natur nicht mehr als ihr zu pflegendes Erbe, deswegen nehmen die Mächtigen, was sie kriegen können, ohne etwas zurückzugeben. Gleichgültigkeit, Egoismus, eine Kultur des selbstgefälligen Wohlbefindens, dazu die tiefen Spaltungen in der Gesellschaft, die in Gewalt übergehen – das alles sind Zeichen dafür, dass ein Volk das Bewusstsein um die eigene Würde verloren hat. Es hat aufgehört, an sich selber zu glauben.

Ein so geschwächtes und gespaltenes Volk wird leicht zur Beute verschiedener Arten von Kolonisierung. Aber selbst wenn es nicht von einer fremden Macht besetzt ist, hat das

Volk in einem weiteren Sinne seine Würde bereits aufgegeben. Es hat aufgehört, ein Protagonist seiner eigenen Geschichte zu sein.

Hin und wieder jedoch wecken große Unglücke die Erinnerung an jene ursprüngliche Befreiung und Einheit. Propheten, die das Volk an das, was wirklich zählt, erinnern wollten, z.B. an seine erste Liebe, die aber ignoriert und vertrieben wurden, diese Propheten finden plötzlich eifrige Zuhörer. Zeiten der Bedrängnis bieten die Möglichkeit, das zu stürzen, was Menschen entweder innerlich oder äußerlich unterdrückt. So kann eine neue Zeit des Friedens beginnen.

Solche Unglücke bringen uns eine Zeit lang aus dem Gleichgewicht, paradoxerweise erlauben sie aber einem Volk auch, seine Erinnerung und dadurch seine Handlungsfähigkeit und seine Hoffnung wiederzufinden. Die Krise hat gezeigt, dass unsere Völker nicht blinden Kräften unterworfen sind, sondern in der Not handlungsfähig sind. Unglücke entlarven die uns gemeinsamen Verwundbarkeiten und decken jene falschen und überflüssigen Sicherheiten auf, um die herum wir unsre Pläne, Routinen und Prioritäten organisiert haben. Sie zeigen unsere Vernachlässigung all dessen, was das Leben in Gemeinschaft nährt und stärkt. Und sie offenbaren, wie wir in unseren Blasen der Gleichgültigkeit und des Wohlbefindens verkümmert sind. Wir erkennen, dass wir in unserer Rastlosigkeit und Frustration, in unserer Faszination für das Neue, in unserem Verlangen nach Anerkennung durch manische Geschäftigkeit dem Leid um uns herum keine Aufmerksamkeit geschenkt haben.

In ihrer Antwort auf dieses Leiden wird der authentische Charakter unserer Völker gemessen.

Während wir uns der Erinnerung an die Würde des Volkes klar werden, beginnen wir, die Unzulänglichkeit der pragmatischen Kategorien zu begreifen, welche die mythische Kategorie ersetzt haben, die uns den wahren Weg des Lebens gezeigt hatte. Das Volk Israel zog in der Wüste den reinen Pragmatismus des goldenen Kalbs der Freiheit vor, zu der Gott sie gerufen hatte. Und genauso wurde auch uns gesagt, dass die Gesellschaft nur eine Mischung von Individuen sei, die alle ihre eigenen Interessen verfolgen; dass die Einheit der Menschen ein Märchen sei; dass wir gegenüber der Macht des Marktes und des Staates ohnmächtig seien; dass der Sinn des Lebens Profit und Macht seien.

Aber jetzt, da der Sturm kommt, sehen wir, dass dem nicht so ist.

Wir dürfen den gegenwärtigen Augenblick der Klärung nicht an uns vorbeiziehen lassen. In den kommenden Jahren soll man nicht sagen, dass wir in Reaktion auf die Corona-Krise nicht gehandelt haben, um die Würde unserer Völker wiederherzustellen, um die Erinnerung wiederzufinden und um uns wieder unserer Wurzeln zu erinnern.

* * *

Der Begriff »Volk« kann in unseren unterschiedlichen Sprachen verschiedene Konnotationen haben. Wenn er von Ideologien ausgenutzt und vor den Karren sektiererischer Politik gespannt wird, kann er nach Totalitarismus oder Klassenkampf klingen. Heute wird er in der ausgrenzenden Rhetorik des Populismus verwendet. Es würde also helfen zu erklären, was *ich* mit »das Volk« meine.

Ein Volk ist nicht dasselbe wie ein Land, eine Nation oder ein Staat, so wichtig diese Gebilde auch sind. Ein Land ist eine geografische Größe, ein Nationalstaat ist das juristische und konstitutionelle Gerüst, welches ihm Wirkung verleiht. Aber die Grenzen und die Strukturen können sich ändern. Ein Land, das verkleinert wurde oder einen Krieg verloren hat, kann sich erneuern. Eine Nation, die eine konstitutionelle Krise durchläuft, kann sich neu aufbauen. Aber vom Verlust des Gespürs dafür, Teil eines Volkes zu sein, kann man sich nur sehr schwer erholen. Es ist ein Verlust, der sich über Jahrzehnte hinzieht und unsere Fähigkeit zur Begegnung untergräbt. Und wie wir die von unseren Vorfahren geerbten Orientierungspunkte verlieren, so verlieren wir unsere Fähigkeit, als Volk eine bessere Zukunft zu schaffen.

Den Sinn dafür, Teil eines Volkes zu sein, kann man nur auf dieselbe Weise zurückgewinnen, wie er geformt wurde: durch gemeinsame Anstrengung und Mühsal. Das Volk ist immer das Ergebnis einer Synthese, einer Begegnung, einer Verschmelzung ungleicher Elemente, welche ein Ganzes schaffen, das größer ist als seine Teile. Ein Volk mag tief gehende Meinungsverschiedenheiten und Differenzen haben, aber es kann zusammen als eine Gemeinschaft vorangehen, inspiriert durch gemeinsame Ziele, und so Zukunft schaffen. Klassischerweise kommt ein Volk in Versammlungen zusammen und organisiert sich so. Es teilt Erfahrungen und Hoffnungen und es hört den Ruf eines gemeinsamen Schicksals.

In Argentinien sprechen wir von der Genialität eines Volkes und meinen damit dessen historische Fähigkeit, die richtigen Wege zu erkennen, so etwas wie ein »Wittern« von Lösungen für anstehende Probleme. Sich selbst als ein Volk zu erkennen bedeutet, sich bewusst zu sein, zu etwas Größerem zu gehören, was uns eint. Zu etwas, das nicht auf eine gemeinsame rechtliche oder physische Identität reduziert werden kann. Wir haben das bei den Protesten in Reaktion auf den Tod von George Floyd gesehen, als Menschen, die sich sonst nicht kannten, zum Protestieren auf die Straße gingen, vereint in einer gesunden Empörung. Solche Momente offenbaren nicht nur ein verbreitetes Gefühl, sondern das Gefühl eines Volkes, seine »Seele«. Denn trotz der ständigen sozialen Erosionen gibt es in allen Völkern noch Reserven an Grundwerten: der Kampf um das Leben von der Empfängnis bis zum natürlichen Tod, die Verteidigung der Menschenwürde, die Liebe zur Freiheit, die Sorge um Gerechtigkeit und um die Schöpfung, die Liebe zur Familie und zur *fiesta,* zum Fest.

Es mag merkwürdig klingen, aber es ist wahr: das Volk hat eine Seele. Und weil wir von der Seele eines Volkes sprechen können, können wir auch von seiner Weise die Welt zu sehen sprechen, von seinem Bewusstsein. Solch ein Bewusstsein ist nicht das Ergebnis eines ökonomischen Systems oder einer politischen Theorie, sondern eines Charakters, der in den Schlüsselmomenten der Geschichte eines Volkes gebildet wurde. Diese Meilensteine haben im Volk einen starken Sinn für Solidarität, Gerechtigkeit und die Bedeutung von Arbeit hinterlassen.

Wenn das Volk betet, worum bittet es dabei? Für Gesundheit, Arbeit, für die Familie und die Schule; für ein anständiges Zuhause; für ausreichend Geld für den Unterhalt; für Frieden unter den Nachbarn und eine neue Chance für die Armen. Diese Ziele mögen nicht revolutionär oder edel klingen. Aber das Volk selbst weiß nur zu gut, dass das die Früchte der Gerechtigkeit sind.

Ein Volk ist also nicht nur die Summe von Individuen. Es ist weder eine logische noch eine rechtliche Kategorie, sondern eine lebendige Wirklichkeit als Ergebnis eines von allen geteilten, eingliedernden Prinzips. Du kannst versuchen, das Volk als ein Konzept zu beschreiben, in der Form eines Paradigmas, du kannst versuchen zu definieren, wo es beginnt und wo es endet, oder eine rechtliche oder rationale Definition versuchen durchzusetzen. Und du kannst ein bestimmtes Volk anhand seiner Kultur oder Charakteristiken analysieren, sagen wir das französische oder amerikanische Volk. Aber letztlich ist das ein sinnloses Unterfangen. Das Volk zum Thema von Forschung zu machen, bedeutet, sich außerhalb des Volkes zu stellen und dabei aus den Augen zu verlieren, was es ist. Weil »Volk« kein logisches Konzept ist, kann man sich ihm eigentlich nur durch Intuition annähern oder dadurch, dass man eintritt in seinen Geist, sein Herz, seine Geschichte und Tradition.

Das Volk ist eine Kategorie, die aus Trennung einen Zusammenklang schaffen kann, die Unterschiede harmonisieren und gleichzeitig Besonderheit erhalten kann. Vom Volk zu sprechen bedeutet, ein Gegengift anzubieten gegen die andauernde Versuchung, Eliten zu schaffen, ganz gleich ob sie intellektueller, moralischer, religiöser, politischer oder kultureller Natur sind. Elitäres Denken reduziert und beschränkt den Reichtum, den der Herr auf die Erde gesetzt hat, und macht sie zu Besitztümern, die von einigen ausgebeutet werden, statt von allen geteilte Geschenke. Aufgeklärte Eliten enden immer auf dieselbe Weise: Sie zwingen ihre eigenen Kriterien auf und verachten und grenzen dabei all diejenigen aus, welche nicht ihrem sozialen Status, ihrer moralischen Haltung oder Ideologie entsprechen. Zu lange schon haben wir unter diesem Reduktionismus gelitten.

Von einem Volk zu sprechen bedeutet, seine Einheit in Verschiedenheit anzusprechen: *E pluribis unum*. So wurden zum Beispiel die zwölf Stämme Israels zu einem Volk zusammengerufen und um ein gemeinsames Zentrum herum (DEUTERONOMIUM 26,5) zu einer Einheit geschaffen, ohne dabei die ihnen je eigenen Charakteristiken aufzugeben. Hier ist es das Volk Gottes, das all die Spannungen aufnimmt, wie sie in jeder menschlichen Gruppe normal sind, aber es löst sie nicht dadurch auf, dass ein Element über die anderen herrscht.

Mir ist klar, dass diese Denkkategorie nicht leicht zu erklären ist, nicht zuletzt deshalb, weil wir uns so daran gewöhnt haben, von Identität in Kategorien der Ausgrenzung und Differenzierung zu sprechen. Deswegen ziehe ich den archetypischen Begriff »mythische Kategorie« vor, denn er öffnet uns einen anderen Weg, die Wirklichkeit zu beschreiben. Es ist ein Weg, der uns eine Identität zu schaffen erlaubt, die nicht durch Ausgrenzung, Differenzierung und dialektischen Widerspruch bestimmt ist, sondern durch die Synthese von Möglichkeiten, die ich Überfließen nenne.

Wenn wir im Angesicht der Herausforderungen, wie sie nicht nur die Pandemie, sondern alle anderen uns aktuell betreffenden Übel stellen, als ein einziges Volk zu handeln imstande sind, dann werden sich das Leben und die Gesellschaft zum Besseren wenden. Das ist nicht nur eine Idee, sondern ein Ruf an uns alle, eine Einladung, die selbstzerstörende Isolation des Individualismus aufzugeben und von meiner eigenen »kleinen Lagune« in den breiten Fluss einer Wirklichkeit und eines Schicksals hinauszufließen, deren Teil ich einerseits bin, die aber andererseits auch über mich hinausgehen.

* * *

Wenn ich von der Würde des Volkes spreche, dann meine ich damit das Bewusstsein, das aus der »Seele« des Volkes heraus entsteht, aus seiner Weise, die Welt zu sehen. Woher kommt diese Würde? Stammt sie aus dem Wohlstand des Volkes? Seinen Siegen im Krieg? Diese Leistungen mögen eine Quelle des Stolzes sein, vielleicht sogar von Arroganz. Aber die Würde eines Volkes – sogar des ärmsten, elendesten und unterdrücktesten Volkes – entsteht aus der Nähe Gottes. Es sind Gottes Liebe und Nähe, die Würde verleihen und ein Volk immer aufrichten und ihm einen Horizont der Hoffnung bieten. In diesem Sinn hilft es, den Blick auf das Volk Israel und seine Menschen zu richten, den Archetyp dessen, was wir hier erörtern.

Die Bibel erzählt diese Geschichte immer und immer wieder. Durch die Berufung des Mose errettet Gott ein Volk durch die Offenbarung seiner Nähe. Gott verspricht sich ihnen in einem ewigen Bund der Liebe. Gott ruft Abraham herbei und verspricht, mit Seinem Volk zu ziehen, ihnen nahe zu sein. Im Bewusstsein der Hingabe Gottes wird sich das jüdische Volk seiner Würde bewusst und kann voranschreiten, sich um seine Armen kümmern, starke Institutionen aufbauen und eine großmütige Seele erlangen. Wenn es aber dieses Bewusstsein verliert – wenn Israel vom Gesetz des Herrn abfällt, dem Geschenk der Nähe Gottes (2 CHRONIK 12,1) – dann fällt es in Spaltung und Ungerechtigkeit.

Nach seinem Glauben an Jesus Christus befragt, erzählt der heilige Paulus die gesamte Geschichte der göttlichen Nähe zu seinem Volk (APOSTELGESCHICHTE 13,13–21). Genauso tut es Stephanus vor seinem Martyrium (APOSTELGESCHICHTE 7,1–54). Jesus Christus, Gottes Gesalbter, ist Teil der Geschichte der Erlösung eines Volkes, einer Erlösung, die er auf alle ausdehnt. Deswegen beschreibt das Zweite Vatikanische Konzil die Kirche als »Volk Gottes«, ein Volk, gesalbt mit der Gnade Gottes, die in allen Völkern dieser Welt leibhaftig wird, in jedem Volk mit seiner je eigenen Kultur – ein Volk mit vielen Gesichtern.

Jesus ist ein Kind der Geschichte der Gnade, der Verheißung und der Erlösung des jüdischen Volkes. Seine Geschichte ist die Geschichte eines Volkes, das Befreiung sucht und das um seine Würde weiß, weil Gott erschienen ist, ihnen nahe kam und mit ihnen zog. Jesus kommt, um Israel wieder an die Nähe Gottes zu erinnern, um dem Volk die Würde der Verheißung wiederzugeben. Gleich ob unter römischer Besatzung oder nicht: ohne dieses Bewusstsein für seine Würde wird das Volk versklavt bleiben.

Jesus stellt die Würde des Volkes in Taten und Worten, die Gottes Nähe ausdrücken, wieder her. Niemand wird allein gerettet. Isolation ist nicht Teil unseres Glaubens. In einem komplexen Beziehungsgeflecht zieht Gott uns an sich und schickt uns auf die Scheidewege der Geschichte hinaus.

Christ zu sein bedeutet also, einem Volk anzugehören, einem Volk, das in verschiedenen Nationen und Kulturen ausgedrückt ist und dennoch alle Rassen- und Sprachgrenzen überschreitet. Das Volk Gottes ist eine Gemeinschaft innerhalb der umfassenderen Gemeinschaft einer Nation, es dient der

Nation, hilft bei der Gestaltung des Selbstverständnisses dieser Nation und respektiert gleichzeitig die Rolle, die andere religiöse und kulturelle Institutionen spielen. Wenn aber die Kirche in Krisenzeiten eine besondere Rolle zu spielen hat, dann besteht sie genau darin, das Volk an seine Seele zu erinnern, an ihre Notwendigkeit, das Gemeinwohl zu achten. Das ist es, was Jesus getan hat: Er kam, um die Bande der Zugehörigkeit zu stärken und zu vertiefen: die Bande der Menschen zu Gott und der Menschen untereinander. Deshalb ist im Reich Gottes derjenige am größten, der sich selbst gering macht, indem er anderen dient (MATTHÄUS 20,26–27), vor allem den Armen.

Die Kirche ist ein Volk mit vielen Gesichtern und es drückt diese Wahrheit in zahllosen unterschiedlichen Weisen aus, je nach der eigenen Kultur. Deshalb bin ich der Überzeugung, dass die Verkündigung immer im Dialekt des jeweiligen Ortes erfolgen muss, mit den gleichen Worten und Klängen, mit denen eine Großmutter ihren Enkeln Schlaflieder singt.

Die Kirche ist dazu berufen, immer das Volk Gottes zu sein, das in einer Geschichte, einem Ort und der Sprache dieses Ortes inkarniert ist. Gleichzeitig aber übersteigen das Volk Gottes und die Sendung Jesu alle Grenzen von Kultur und Geografie. Die Mission der Kirche richtet sich immer an ein Volk; und doch besteht ein Teil ihrer Aufgabe darin, eine Nation daran zu erinnern, dass es ein gemeinsames Gut der Menschheit gibt, das dasjenige jedes einzelnen Volkes übertrifft. Das Ganze ist immer größer als die Teile, und Einheit muss über Konflikte hinausgehen.

Deswegen wird ein Christ immer individuelle Rechte und Freiheiten verteidigen, aber selber niemals ein Individualist sein. Ein Christ wird sein Land lieben und ihm mit Vaterlandsliebe dienen, aber er kann niemals nur Nationalist sein.

Das feste Zentrum des Christentums ist die wesentliche Verkündigung, das *Kerygma*. Es meint: Gott liebte mich, und Er gab sich hin für mich. Der Tod und die Auferstehung Jesu Christi und seine Liebe am Kreuz rufen uns dazu, missionarische Jünger dieser Liebe zu sein. Sie lädt uns ein, uns gegenseitig als Schwestern und Brüder der weiteren Menschheitsfamilie anzusehen, vor allem diejenigen, die sich als Waisen fühlen. Wie es in den Seligpreisungen im Matthäusevangelium (Kapitel 25) steht: Das Prinzip der Erlösung wird erfüllt im Mitgefühl, das wir schenken.

In diesem Sinn zeigt uns die Bibel den klaren Kontrast zwischen der Gleichgültigkeit des Kain gegenüber dem Schicksal Abels – »Bin ich der Hüter meines Bruders?« (GENESIS 4,9) – und der Antwort des Herrn an Mose im dritten Kapitel des Buches Exodus: »Ich habe das Elend meines Volkes in Ägypten gesehen und ihre laute Klage (…) gehört. (…) Ich bin herabgestiegen, um es der Hand der Ägypter zu entreißen« (EXODUS 3,7–8). Der Weg des Nicht-Zugehörens ist das eine; ein anderer Weg ist die Beteiligung am Leben eines Volkes und die Entschlossenheit, zu dienen und zu retten.

Deshalb muss die Kirche stets für die Nähe zu den Menschen stehen und mit den Völkern dieser Erde in ihrem Kampf für Würde und Freiheit mitgehen. In jeder Kultur, in der sie präsent ist, muss die Kirche die Sorgen und Hoffnungen aller Menschen – und vor allem der Ärmsten – als die eigenen ansehen. Die Kirche ist Teil des Volkes, sie dient ihm, sie versucht nicht, es zu ordnen, weil das ein Volk selber tut.

Wenn du mich nach den Wegen der Abweichung vom Christentum fragen würdest, dann würde ich nicht zögern zu antworten: Es ist *das Vergessen, dass wir zu einem Volk gehören*. Wie es der Starez Zosima in *Die Brüder Karamasow* sagt: »Die Erlösung kommt aus dem Volk.«[24] Sich über das Volk Gottes zu stellen bedeutet zu ignorieren, dass der Herr seinem Volk bereits nahe gekommen ist, es gesalbt und aufgerichtet hat.

Sich über das Volk zu stellen führt zu Moralismus, Legalismus, Klerikalismus, Pharisäismus und zu anderen elitären Ideologien, welche die Freude nicht kennen, sich als Teil des Volkes Gottes zu wissen. Die Aufgabe der Kirche liegt im Dienst am Herrn und an den Völkern der Welt, zu denen sie gesandt ist, nicht durch Aufzwingen oder durch Dominanz, sondern wie es Christus getan hat im Waschen der Füße.

Die gegenwärtige Krise ruft uns dazu auf, unseren Sinn der Zugehörigkeit wieder zu entdecken; nur so werden unsere Völker wieder Subjekte ihrer eigenen Geschichte.

Es ist an der Zeit, eine Ethik der Geschwisterlichkeit und Solidarität wiederherzustellen und die Bande des Vertrauens und der Zugehörigkeit neu zu knüpfen. Denn was uns rettet, ist nicht eine Idee, sondern eine Begegnung. Nur das Gesicht des anderen ist in der Lage, das Beste in uns selbst zu erwecken. Indem wir dem Volk dienen, retten wir uns selbst.

* * *

Wenn wir besser aus dieser Krise herauskommen wollen, müssen wir die Idee zurückgewinnen, dass wir als Volk ein gemeinsames Ziel haben. Die Pandemie hat uns daran erinnert, dass niemand alleine gerettet wird.

Was uns zusammenbindet ist das, was wir gemeinhin Solidarität nennen. Solidarität ist mehr als Großzügigkeit, so wichtig diese auch sein mag; sie ist der Aufruf, die Wirklichkeit anzunehmen, dass wir gebunden sind durch Bande der Gegenseitigkeit. Auf dieser festen Grundlage können wir eine andere, bessere, menschlichere Zukunft aufbauen.

Traurigerweise fehlt diese Vorstellung in den politischen Narrativen der Gegenwart, seien sie liberal oder populistisch. Die vorherrschende Weltanschauung der westlichen Politik, der Liberalismus, betrachtet die Gesellschaft lediglich als ein Aggregat nebeneinander bestehender Interessen, er ist misstrauisch gegenüber einer Sprache der Wertschätzung der Bande von Gemeinschaft und Kultur. Auf der anderen Seite haben wir Weltanschauungen – wie etwa die verschiedenen Varianten des Populismus –, welche die Bedeutung des Wortes »Volk« entstellen, indem sie es mit Ideologien verbinden, die sich auf vermeintliche innere und äußere Feinde konzentrieren. Wenn die erste Weltanschauung das alleinstehende Individuum verherrlicht und wenig Raum lässt für Geschwisterlichkeit und Solidarität, dann reduziert die zweite das Volk auf eine gesichtslose Masse, die sie zu repräsentieren behauptet.

Es ist bemerkenswert, wie sehr neoliberale Denkmodelle versuchen, jegliche substanzielle Debatte über das Gemeinwohl und die universelle Bestimmung aller Güter aus der Öffentlichkeit zu verbannen.[25] Was sie stattdessen fördern ist im Kern das effiziente Management des Marktes und ein Minimum an staatlicher Kontrolle. Das Problem ist, dass, wenn sich der Hauptzweck der Ökonomie auf den Profit konzentriert, es leicht zu vergessen ist, dass die Ressourcen der Welt für alle da sind, nicht nur für wenige.

Die Obsession mit dem Profit schwächt die Institutionen, welche die Völker vor rücksichtslosen wirtschaftlichen Interessen und der übermäßigen Machtkonzentration schützen. Die zunehmenden sozialen Konflikte werden zum großen Teil von Ungleichheit und Ungerechtigkeit gefüttert, ihre eigentliche Ursache liegt im Ausfransen der Bande der Zugehörigkeit. Eine atomisierte Gesellschaft kann niemals mit sich selbst in Frieden sein, weil sie die sozialen Auswirkungen von Ungleichheit nicht sehen kann. Heute ist die Geschwisterlichkeit unsere Herausforderung.

Wenn liberale Bewegungen das Individuum ausschließlich im Verhältnis zu Staat und Markt denken, als radikal autonomes Individuum, dann betrachten sie Institutionen und Traditionen mit Argwohn. Dennoch gibt es oft auf verborgene Weise einen Instinkt – wenn wir das so nennen können –, durch den die meisten von uns zutiefst zu Familie, Gemeinschaft und zur Geschichte unseres Volkes hingezogen sind. In den vermittelnden Institutionen der Gesellschaft – angefangen bei der Familie – und nicht im Markt finden die Menschen Sinn. Dort lernen sie die Dimensionen von Vertrauen und Solidarität. Deshalb bin ich besorgt über eine bestimmte Art von Medienkultur, die vor allem die jüngeren Generationen aus ihren reichsten Traditionen zu entwurzeln sucht und sie ihrer Geschichte, ihrer Kultur und ihres religiösen Erbes beraubt. Eine entwurzelte Person ist sehr leicht zu dominieren.

Religiöse und andere Überzeugungen bieten einzigartige Einsichten in die Welt; sie sind Quellen des Guten. Sie erzeugen Überzeugungen – der Solidarität und des Dienstes –, welche die Gesellschaft als Ganzes stärken können. Sie sind Orte der Versöhnung, an denen die Menschen erfahren, was der

Markt ihnen niemals wird geben können: ihren Wert als Menschen, und nicht nur ihren Wert als Arbeitnehmer oder Verbraucher.

Zusammengebracht in der Art von synodalem Dialog, wie wir ihn im zweiten Teil dieses Buchs untersucht haben, werden Menschen in verschiedenen Institutionen und mit unterschiedlichen Überzeugungen fähig, überraschende Harmonien zu kreieren. Meinungsverschiedenheiten philosophischer oder theologischer Art – zwischen Glaubensrichtungen oder zwischen säkularen Gruppen und Menschen des Glaubens – sind kein Hindernis für ein Zusammenkommen zur Verfolgung gemeinsamer Ziele, solange alle Beteiligten die Sorge um das Gemeinwohl teilen. Es stimmt zwar, Starrheit und Fundamentalismus sind in einigen Institutionen anzutreffen, aber normalerweise engagieren sie sich nicht in dieser Art Dialog.

* * *

Der Laissez-faire- und marktzentrierte Ansatz verwechselt Zweck und Mittel. Statt als eine Quelle von Würde betrachtet zu werden, wird Arbeit nur noch zum Produktionsmittel; Profit wird selbst zum Ziel, anstatt ein Mittel zum Erreichen größerer Güter zu sein. Am Ende können wir in den tragischen Irrglauben verfallen, dass alles, was für den Markt gut ist, auch für die Gesellschaft gut ist.

Ich kritisiere nicht den Markt *per se*. Ich verurteile aber das allzu weit verbreitete Szenario, in dem Ethik und Wirtschaft voneinander abgekoppelt sind. Und ich kritisiere die offensichtlich fiktive Vorstellung, dass der Reichtum sich ungehindert verbreiten muss, um Wohlstand für alle zu schaffen. Die

Widerlegung dieser Idee begegnet uns überall: Die sich selbst überlassenen Märkte haben zu großer Ungleichheit und enormen ökologischen Schäden geführt. Sobald das Kapital zu einem Idol wird, das ein sozio-ökonomisches System bestimmt, versklavt es uns, setzt uns in Konflikt miteinander, schließt die Armen aus und gefährdet den Planeten, den wir alle miteinander teilen. Kein Wunder, dass Basilius von Cäsarea, einer der ersten Theologen der Kirche, das Geld »Mist des Teufels« nannte.

Damit hat eine neoliberale Wirtschaft am Ende kein wirkliches Ziel mehr außer dem Wachstum. Doch die Kräfte des Marktes allein können die Ziele, die für uns jetzt anstehen, nicht erreichen: die natürliche Welt durch ein nachhaltigeres und nüchterneres Leben zu regenerieren und gleichzeitig die Bedürfnisse derer zu befriedigen, die bisher durch diese Wirtschaft geschädigt oder von ihr ausgeschlossen wurden. Wenn wir nicht das Prinzip der Solidarität unter den Völkern akzeptieren, werden wir nicht besser aus dieser Krise hervorgehen.

Der Markt ist ein Mittel für den Austausch und die Zirkulation von Gütern, er dient dem Aufbau von Beziehungen, die uns erlauben zu wachsen, zu gedeihen und unsere Möglichkeiten zu erweitern. Aber Märkte regieren sich nicht von selbst. Sie müssen durch Gesetze und Vorschriften gestützt werden, die sicherstellen, dass sie für das Gemeinwohl arbeiten. Der freie Markt ist alles andere als frei für eine große Zahl von Menschen, vor allem für die Armen, die in der Praxis kaum eine Wahl haben. Deswegen hat der heilige Johannes Paul II. auch die Idee von der »sozialen Marktwirtschaft« aufgegriffen: die Einbindung des Begriffs »sozial« ermöglicht eine Öffnung hin zur gemeinschaftlichen Dimension.

Wenn ich von Solidarität spreche, dann meine ich viel mehr als nur die Förderung philanthropischer Werke oder die Finanzhilfen für diejenigen, die nichts haben. Denn Solidarität ist nicht das Teilen der Krümel von unserem Tisch, sondern bedeutet, für jeden einen Platz am Tisch zu schaffen. Die Würde des Volkes verlangt nach Gemeinschaft: dem Teilen und Vermehren von Gütern und nach der Beteiligung aller zum Wohle aller.

Wir müssen uns mit dem Problem der menschlichen Zerbrechlichkeit auseinandersetzen, mit der Neigung, uns in unseren eigenen engen Interessen abzuschotten. Deshalb brauchen wir eine Wirtschaft, deren Ziele über den engen Fokus auf Wachstum hinausgehen; eine Wirtschaft, die Menschenwürde, Arbeitsplätze und ökologische Erneuerung in den Mittelpunkt stellt. Die Würde unserer Völker verlangt nach einer Wirtschaft, die nicht nur die Akkumulation von Gütern schafft, sondern allen den Zugang zu guter Arbeit, Wohnraum, Bildung und Gesundheit ermöglicht.

In Ermangelung sozialer Ziele hat das »Profit-zuerst«-Wirtschaftswachstum eine Vetternwirtschaft genährt, die nicht den Bedürfnissen des Volkes, sondern den Spekulanten in der »liquiden Wirtschaft« dient. Finanzinstitute ohne Regulierung, Offshore-Standorte, die Steuerparadiese für die Umgehung der Körperschaftssteuer bieten, die Entnahme von Werten aus Unternehmen, um die Gewinne der Aktionäre auf Kosten der Kunden zu steigern, die undurchsichtige Welt der Derivate und Credit Default Swaps – all dies saugt Kapital aus der Realwirtschaft ab, untergräbt einen gesunden Markt und schafft ein historisch beispielloses Maß an Ungleichheit.

Es besteht heute eine große Diskrepanz zwischen dem Bewusstsein für soziale Rechte auf der einen und der Verteilung der tatsächlichen Chancen auf der anderen Seite. Die gewaltige Zunahme an Ungleichheit in den letzten Jahrzehnten ist keine Stufe von Wachstum, sondern eine Wachstumsbremse und die Wurzel vieler sozialer Übel im 21. Jahrhundert, der wohl ungerechtesten Periode der Menschheitsgeschichte. Knapp ein Prozent der Weltbevölkerung besitzt die Hälfte des Vermögens. Ein immer mehr von der Moral losgelöster Markt, geblendet von seiner eigenen komplexen Technik, die Profit und Wettbewerb über alles setzt, bedeutet spektakulären Reichtum für einige wenige und Armut und Entbehrung für viele. Millionen werden der Hoffnung beraubt.

Zu oft haben wir die Gesellschaft als eine Untergruppe der Wirtschaft und die Demokratie als eine Funktion des Marktes betrachtet. Es ist an der Zeit, ihre richtige Ordnung wiederherzustellen und die Mittel zur Sicherstellung eines menschenwürdigen Lebens für alle zu finden. Wir müssen Ziele für unseren Wirtschaftssektor setzen, die – ohne seine Wichtigkeit zu ignorieren – über den Shareholder Value hinausgehen in die Richtung anderer Arten von Werten, die uns alle retten: Gemeinschaft, Natur und sinnvolle Arbeit. Gewinne sind ein Zeichen für die Gesundheit eines Unternehmens, aber wir brauchen breitere Maßstäbe für den Gewinn, die soziale und ökologische Ziele berücksichtigen.

In ähnlicher Weise brauchen wir eine Vision von Politik, die sich nicht nur auf die Verwaltung des Staatsapparats und den Wahlkampf für die Wiederwahl beschränkt, sondern zu einer Kultivierung von Tugend und zu Formen neuer Bindungen fähig ist. Wir müssen die Politik als eine Form des

Dienstes am Gemeinwohl rehabilitieren – eine Politik in Großbuchstaben, wie ich sie gerne nenne. Sie ist eine Berufung vor allem für diejenigen, die durch den Zustand der Gesellschaft und die Not der Ärmsten beunruhigt sind.

Wir brauchen Politiker, erfüllt mit dem Auftrag, ihrem Volk Land, Wohnraum und Arbeit zu sichern, genauso wie Bildung und Gesundheitsversorgung. Das meint Politiker mit einem weiteren Horizont, die dem Volk neue Wege eröffnen können, sich zu organisieren und auszudrücken. Es meint Politiker, die dem Volk dienen, anstatt sich seiner zu bedienen; Politiker, die bei denen sind, die sie vertreten und an deren Wohl sie denken, wenn sie Entscheidungen treffen. Diese Art von Politik wäre das beste Gegenmittel gegen Korruption in allen ihren Formen.

Unsere Zeit braucht eine Generation von Politikern und Führungspersönlichkeiten, die inspiriert sind von Jesu Gleichnis vom barmherzigen Samariter, das davon spricht, wie wir unser Leben, unsere Berufung und unsere Sendung weiterentwickeln können. Wir stellen so oft fest, dass der Kern aller Probleme die Distanz ist. Angesichts des Mannes, der am Straßenrand zurückgelassen wurde, beschließen einige, weiterzugehen: Weit entfernt von der Situation ziehen sie es vor, die Tatsachen zu ignorieren und weiterzumachen, als ob nichts geschehen wäre. Gefangen in verschiedenen Denkweisen und Rechtfertigungen gehen sie vorüber.

Es ist dasselbe Problem wie immer: Armut verbirgt sich in Scham. Um sie sehen, verstehen und fühlen zu können, musst du ihr nahe kommen. Man kann Armut nicht aus der Distanz verstehen; du musst sie berühren. Sie wahrnehmen und nahe kommen, das ist der erste Schritt. Der zweite Schritt besteht aus konkreten und unmittelbaren Antworten, denn ein konkreter Akt der Barmherzigkeit ist immer ein Akt der Gerechtigkeit.

Es ist aber noch ein dritter Schritt notwendig, wenn wir nicht in reines Sozialhilfedenken verfallen wollen: Wir müssen über die ersten beiden Schritte nachdenken und uns dann für die notwendigen Strukturreformen öffnen. Eine authentische Politik gestaltet diese Veränderungen an deren Seite, mit und durch alle Betroffenen, unter Achtung ihrer Kultur und ihrer Würde. Der einzige Zeitpunkt, an dem es richtig ist, auf jemanden herabzusehen, ist, wenn wir unsere Hand reichen, um ihm beim Aufstehen zu helfen. Wie ich es einmal in einem Gespräch mit einigen Ordensleuten sagte: »Die Schwierigkeit besteht nicht darin, dem Armen Essen zu geben, den Nackten zu bekleiden, den Kranken zu begleiten, sondern sich bewusst zu machen, dass der Arme, der Nackte, der Gefangene, der Obdachlose die Würde besitzt, mit uns an unserem Tisch zu sitzen, sich bei uns »zu Hause«, als Teil der Familie zu fühlen. Das ist das Zeichen, dass das Himmelreich unter uns ist.«[26]

In der Post-Covid-Welt werden weder technokratisches Managen noch Populismus ausreichen. Nur eine im Volk verwurzelte Politik, die offen dafür ist, dass das Volk sich selbst organisiert, wird unsere Zukunft verändern können.

* * *

Wenn die Anhäufung von Reichtum zu unserem Hauptziel wird, sei es als Individuen oder als Wirtschaft, dann praktizieren wir eine Form des Götzendienstes, die uns in Ketten legt. Es ist unbegreiflich, dass so viele Frauen und Kinder für

Macht, Vergnügen oder Profit ausgebeutet werden. Unsere Brüder und Schwestern werden in geheimen Lagerhallen versklavt, als undokumentierte Migranten und in Prostitutionsringen ausgebeutet, und alles wird noch schlimmer, wenn Kinder diese Ungerechtigkeiten erleiden müssen, alles für den Profit und die Gier von wenigen.

Der Menschenhandel ist oft mit anderen globalen Plagen verbunden, die unsere Welt entwürdigen – Waffen- und Drogenhandel, Handel mit Wildtieren und Organen. Diese enormen Netzwerke, die Hunderte von Milliarden Dollar einbringen, können ohne die Komplizenschaft mächtiger Menschen nicht überleben. Die Staaten scheinen machtlos zu sein. Nur eine neue Art von Politik, die staatliche Ressourcen mit Organisationen und Institutionen zusammenführt, die in der dem Problem nahe stehenden Zivilgesellschaft verwurzelt ist, kann diese Herausforderungen bewältigen.

Die Würde unserer Völker verlangt nach sicheren Korridoren für Migranten und Flüchtlinge, sodass diese sich angstfrei aus tödlichen Gebieten in sicherere bewegen können. Es ist unakzeptabel, Migranten dadurch abschrecken zu wollen, dass man Hunderte von ihnen beim gefährlichen Übersetzen über das Meer oder bei Wüstendurchquerungen sterben lässt. Der Herr wird für jeden Toten von uns Rechenschaft verlangen.

Der Lockdown öffnete uns die Augen für eine oft verborgene Wirklichkeit: Die Grundbedürfnisse der am meisten entwickelten Gesellschaften werden von schlecht bezahlten Migranten befriedigt, und doch werden diese zum Sündenbock gemacht und verunglimpft und es wird ihnen das Recht auf sichere und anständige Arbeit verweigert. Migration ist ein globales Thema. Niemand sollte gezwungen sein, aus seinem

Land zu fliehen. Aber das Unrecht verdoppelt sich, wenn die Migranten sich in die Hände von Menschenhändlern begeben müssen, um Grenzen zu überqueren; und verdreifacht sich, wenn sie das Land erreichen, von dem sie dachten, es würde ihnen eine bessere Zukunft bieten, nur um sich dann verachtet, ausgebeutet, verlassen oder versklavt wiederzufinden. Wir müssen diejenigen, die auf der Suche nach einem besseren Leben für sich und ihre Familien kommen, aufnehmen, beschützen, fördern und integrieren. Natürlich müssen die Regierungen ihre Aufnahme- und Integrationsfähigkeit umsichtig beurteilen.

Sowohl Sklaverei als auch die Todesstrafe wurden einst als akzeptabel erachtet, sogar in für christlich gehaltenen Gesellschaften. Heute kommt dem christlichen Gewissen das tiefere Verständnis für die Heiligkeit des Lebens zugute, das im Laufe der Zeit gewachsen ist. Sowohl die Sklaverei als auch die Todesstrafe sind inakzeptabel, und doch bestehen beide fort: die erste heimlich, die zweite ganz offen als Teil der Justizsysteme einiger entwickelter Länder, wo sogar Christen versuchen, sie zu rechtfertigen. Aber wie ich vor dem US-Kongress im Jahr 2015 sagte: »... eine gerechte und notwendige Bestrafung [darf] niemals die Dimension der Hoffnung und das Ziel der Rehabilitierung ausschließen«[27].

Auch wenn viele irritiert sind, wenn sie den Papst auf das Thema zurückkommen hören, kann ich nicht über 30–40 Millionen ungeborene Leben schweigen, die jedes Jahr durch Abtreibung weggeworfenen werden.[28] Es ist schmerzlich zu sehen, wie in vielen Regionen, die sich selbst als entwickelt betrachten, diese Praxis aufgedrängt wird, weil die Kinder behindert oder ungeplant sind.

Menschliches Leben ist niemals eine Last. Es verlangt danach, dass wir ihm Raum geben und es nicht wegwerfen. Natürlich fordert die Ankunft von neuem Leben – sei es das ungeborene Leben oder der Migrant an unseren Grenzen – unsere Prioritäten heraus. Mit Abtreibung und geschlossenen Grenzen verweigern wir uns der Neuausrichtung unserer Prioritäten. Wir opfern Menschenleben, um unsere wirtschaftliche Sicherheit zu verteidigen oder unsere Angst zu beschwichtigen, dass Elternschaft unser Leben auf den Kopf stellen wird. Abtreibung ist eine schwerwiegende Ungerechtigkeit. Sie kann niemals ein legitimer Ausdruck von Autonomie und Macht sein. Wenn unsere Autonomie den Tod eines anderen verlangt, ist sie nichts anderes als ein eiserner Käfig. Ich stelle mir oft diese beiden Fragen: Ist es richtig, ein Menschenleben zu beseitigen, um ein Problem zu lösen? Ist es richtig, einen Auftragsmörder anzuheuern, um ein Problem zu lösen?

Die neodarwinistische Ideologie vom Überleben des Stärkeren, die von einem uneingeschränkten, von Profit und individueller Souveränität besessenen Markt untermauert wird, hat unsere Kultur durchdrungen, unseren Verstand verdreht und unsere Herzen verhärtet. Das erfolgreiche Wachsen des technokratischen Paradigmas verlangt oft genug das Opfer von unschuldigem Leben: das auf der Straße ausgesetzte Kind; der minderjährige Ausgebeutete, der Kleidung für reiche Leute herstellt und selten heraus ans Licht kommt; der Arbeiter, der entlassen wurde, weil sein Unternehmen seines Vermögens beraubt wurde, um Dividenden für die Aktionäre zu erwirtschaften; die Flüchtlinge, denen die Chance auf Arbeit verwehrt wurde; die älteren Menschen, die in unterfinanzierten Pflegeheimen ihrem Schicksal überlassen wurden.

Mein Vorgänger, der heilige Papst Paul VI., hat in seiner Enzyklika *Humanae Vitae* (1968) vor der Versuchung gewarnt, das menschliche Leben nur als ein weiteres Objekt zu betrachten, über das die Mächtigen und Gebildeten ihre Herrschaft ausüben. Wie prophetisch klingt diese Aussage heute! Heutzutage wird die Pränatal-Diagnostik oft genug dazu verwendet, um diejenigen herauszufiltern, die als schwach oder minderwertig gelten, während am anderen Ende des Lebens Euthanasie normal wird: entweder offen, durch Gesetze zur Sterbehilfe in einigen Ländern oder Staaten, oder verdeckt, durch Vernachlässigung älterer Menschen.

Den tieferen Ursachen dieser Erosion des Wertes des Lebens müssen wir entgegentreten. Durch den Ausschluss jeglicher Rücksichtnahme auf das Gemeinwohl von der Politik fördert man letztlich die individuelle Autonomie unter Ausschluss aller anderen Werte und Orientierungen. Ohne eine Vision einer Gesellschaft, welche in der Würde aller Menschen verwurzelt ist, führt die Logik des ungehinderten Marktes dazu, das Leben von einem Geschenk in ein Produkt zu verwandeln.

Es gibt aus dem 12. Jahrhundert einen *Midrasch*, einen jüdischen Kommentar, über die Geschichte des Turmbaus zu Babel aus dem elften Kapitel des Buches Genesis. Der Turm war ein Denkmal für das Ego des Volkes von Babel. Für den Bau des Turms brauchte es eine riesige Anzahl von Ziegelsteinen, die in der Herstellung sehr teuer waren. Wie der Rabbiner erzählt, war das Zerbrechen eines Ziegelsteins eine große Tragödie: Die Arbeit wurde unterbrochen und der nachlässige Arbeiter wurde zur Abschreckung hart geschlagen. Aber wenn ein Arbeiter zu Tode kam? Dann ging die Arbeit weiter. Einer der überzähligen Arbeiter – Sklaven – aus der Reihe der

Wartenden übernahm seine Stelle, sodass der Turm weiter wachsen konnte.

Was war wertvoller, der Ziegelstein oder der Arbeiter? Was wurde als ein entbehrlicher Überschuss im Streben nach endlosem Wachstum angesehen?

Und wie ist es heute? Wenn die Aktien eines großen Unternehmens einige Prozent ihres Werts verlieren, dann ist das eine Nachricht. Experten diskutieren endlos, was genau das bedeutet. Aber wenn ein Obdachloser auf den Straßen hinter leeren Hotels erfroren gefunden wird oder eine ganze Bevölkerung Hunger leidet, dann wird es von wenigen bemerkt und wenn es überhaupt eine Nachricht wird, dann schütteln wir nur traurig unseren Kopf und machen weiter, weil wir glauben, dass es sowieso keine Lösung gibt.

Das ist es, was Jesus meinte, als er sagte, man könne nicht sowohl Gott und dem Mammon dienen. Wenn man in unserem Leben ebenso wie in unseren Gesellschaften das Geld in den Mittelpunkt stellt, dann wird das Opfer zum Muster des Handelns: Was auch immer die menschlichen Kosten oder der Schaden für die Schöpfung sind, der Turm muss immer höher und höher werden. Aber wenn man die Würde des Volkes in den Mittelpunkt stellt, schafft man eine neue Logik: die Logik der Barmherzigkeit und der Sorge. Dann bekommt das, was wirklich wertvoll ist, wieder seinen rechtmäßigen Platz.

Entweder ist eine Gesellschaft auf eine Opfer-Kultur ausgerichtet – den Triumph des Stärkeren und die Wegwerfkultur – oder auf Barmherzigkeit und Sorge. Menschen oder Ziegelsteine: Es ist Zeit zu wählen.

* * *

Hinter dem Anstieg populistischer Politik in den letzten Jahren steht ein echter Zorn: Viele fühlen sich vom rücksichtslosen Moloch der globalisierten Technokratie beiseitegedrängt. Die Formen des Populismus werden oft als Protest gegen die Globalisierung beschrieben, obwohl sie eigentlich eher ein Protest gegen die Globalisierung der Gleichgültigkeit sind. Im Grunde spiegeln sie den Schmerz über den Verlust der Wurzeln und der Gemeinschaft und ein allgemeines Gefühl der Angst wider. Doch wenn die Populismen Angst erzeugen und Panik säen, dann sind sie die Nutznießer dieser allgemeinen Angst, nicht ihr Heilmittel. Die oft grausame Rhetorik von Populisten, die den »Anderen« verunglimpft, um eine nationale oder Gruppenidentität zu verteidigen, offenbart deren Geist. Sie ist ein Mittel, mit dem ehrgeizige Politiker außerhalb des traditionellen Parteiensystems an die Macht gelangen.

Wenn ich heute einigen der aktuellen Populisten zuhöre, erinnert mich das an die 1930er-Jahre, als einige Demokratien scheinbar über Nacht zu Diktaturen wurden. Indem das Volk zu einer Kategorie der Ausgrenzung gemacht wurde – auf allen Seiten von Feinden, inneren und äußeren, bedroht –, wurde der Begriff seiner Bedeutung entleert. Wir sehen es jetzt wieder bei Kundgebungen, bei denen populistische Führer die Menschenmengen aufreizen und bedrängen und deren Groll und Hass gegen imaginäre Feinde richten, um von den wirklichen Problemen abzulenken.

Im Namen des Volkes verweigert der Populismus dem Volk wirkliche Beteiligung derer, die zum Volk gehören, und erlaubt es einer bestimmten Gruppe, sich selbst zum wahren Interpreten des Volksgefühls aufzuschwingen. Ein Volk hört auf, Volk zu sein, und wird zu einer von einer Partei oder einem Demagogen manipulierten Masse. Diktaturen beginnen fast immer auf diese Weise: Erst säen sie Angst in die Herzen der Menschen, dann versprechen sie, sie vor dem Objekt ihrer Furcht zu verteidigen, und im Tausch nehmen sie ihnen das Vermögen, selber über ihre eigene Zukunft zu bestimmen.

Eine Fantasie des Nationalpopulismus in Ländern mit christlicher Mehrheit ist zum Beispiel die Verteidigung der »christlichen Zivilisation« vor vermeintlichen Feinden, sei es vor dem Islam, den Juden, der Europäischen Union oder den Vereinten Nationen. Diese Verteidigung spricht diejenigen an, die oft nicht mehr religiös sind, die aber das Erbe ihrer Nation als eine Art Stammesidentität betrachten. Ihre Ängste und ihr Identitätsverlust haben zugenommen, während gleichzeitig der Kirchenbesuch zurückgegangen ist.

Der Verlust der Beziehung zu Gott und der Verlust des Gefühls der universalen Geschwisterlichkeit haben zu diesem Gefühl der Isolation und der Angst vor der Zukunft beigetragen. So wählen areligiöse oder oberflächlich religiöse Menschen Populisten, um ihre religiöse Identität zu schützen, offensichtlich unbekümmert davon, dass Angst und Hass vor dem Anderen nicht mit dem Evangelium zu vereinbaren sind.

Das Herz des Christentums ist Gottes Liebe für alle Völker und unsere Nächstenliebe, vor allem derer in Not. Einen sich in Not befindenden Migranten gleich welcher religiösen Überzeugung aus Angst vor der Verwässerung einer »christlichen« Kultur abzulehnen bedeutet eine groteske Verstellung sowohl des Christentums als auch der Kultur. Migration ist keine Bedrohung des Christentums, und es gibt auch keinen Zusammenstoß zwischen dem Christentum und dem Islam, außer in den Köpfen derjenigen, die von der Behauptung eines solchen Zusammenstoßes profitieren.

Die Frohe Botschaft zu verkünden und den Fremden in Not nicht aufzunehmen und die Menschen als Kinder Gottes nicht zu bejahen bedeutet, eine Kultur zu fördern, die nur noch dem Namen nach christlich ist und von allem entleert ist, was sie unverwechselbar macht.

* * *

Um die Würde des Volkes zurückzugewinnen, müssen wir an die Ränder unserer Gesellschaften gehen, um all denjenigen zu begegnen, die dort leben. Dort verborgen gibt es Sichtweisen auf die Welt, die uns allen einen Neuanfang ermöglichen können. Wir können nicht von der Zukunft träumen, während wir weiterhin das Leben praktisch eines Drittels der Weltbevölkerung ignorieren, anstatt es als Ressource zu betrachten.

Ich spreche von denen, die keine reguläre Arbeit haben und am Rande der Marktwirtschaft leben. Es sind landlose Bauern und Kleinbauern, Subsistenzfischer und ausgebeutete Arbeiter, Müllmänner und Straßenverkäufer, Straßenhandwerker, Slumbewohner und Hausbesetzer. In den entwickelten Ländern sind es diejenigen, die von Gelegenheitsjobs leben. Ständig unterwegs, schlecht untergebracht, oft mit unzulänglichem Zugang zu Trinkwasser und Nahrung, leiden sie und ihre Familien unter allen möglichen Formen der Verletzlichkeit.

Doch wenn es uns gelingt, ihnen nahe zu sein und unsere Stereotypen abzulegen, dann stellen wir fest, dass viele von ihnen weit davon entfernt sind, lediglich passive Opfer zu sein. Sie sind in einem globalen Netz von Vereinigungen und Bewegungen organisiert und repräsentieren die Hoffnung auf Solidarität in einem Zeitalter der Ausgrenzung und Gleichgültigkeit. An den Rändern habe ich so viele Sozialbewegungen mit Wurzeln in Pfarreien oder Schulen entdeckt, die Menschen zusammenbringen und sie zu Akteuren in ihren eigenen Geschichten machen. So entstehen Dynamiken, die einen Hauch von Würde haben. Sie nehmen das Leben, wie es kommt, und sitzen nicht resigniert oder klagend herum; sie kommen zusammen, um Ungerechtigkeit in neue Möglichkeiten zu verwandeln. Ich nenne sie »Sozialpoeten«. In ihrer Mobilisierung für den Wandel, in ihrem Streben nach Würde, sehe ich eine Quelle moralischer Energie, eine Reserve staatsbürgerlicher Leidenschaft, die in der Lage ist, unsere Demokratie neu zu beleben und die Wirtschaft neu auszurichten.

Genau hier wurde die Kirche geboren, an den Rändern des Kreuzes, wo so viele Gekreuzigte zu finden sind. Wenn die Kirche die Armen verleugnet, hört sie auf, die Kirche Jesu zu sein; sie fällt zurück in die alte Versuchung, eine moralische oder intellektuelle Elite zu werden. Es gibt nur ein Wort für die Kirche, die den Armen fremd wird: »Skandal«. Der Weg an die geografischen und existenziellen Ränder ist der Weg der Menschwerdung: Gott wählte die Peripherie als den Ort, um in Jesus Sein Heilshandeln in der Geschichte zu offenbaren.

Das hat mich dazu gebracht, mich an die Seite der Volksbewegungen zu stellen. 2014 und 2016 habe ich die Verantwortlichen von mehr als hundert dieser Bewegungen im Vatikan empfangen, und in Santa Cruz in Bolivien im Juli 2015 habe ich zu ihnen gesprochen und Dialoge mit ihnen geführt. Diese

Welttreffen der Volksbewegungen – wie sie genannt werden – drehten sich um das Thema der Notwendigkeit von Wandel, um den Menschen Zugang zu Land, Wohnraum und Arbeit zu verschaffen; auf Spanisch nennen wir das die »drei T«: *tierra, techo, trabajo*.[29]

Den Verantwortlichen für die Volksbewegungen habe ich während des Lockdowns geschrieben, um sie meiner Nähe zu versichern und um sie zu ermutigen. Es war mir klar, dass sie nicht nur von der Möglichkeit zu arbeiten ausgeschlossen waren, sondern dass sie wegen ihrer Arbeit in der »informellen Wirtschaft« außerhalb der Reichweite staatlicher Schutzmaßnahmen für Arbeitsplätze und die Lebensgrundlagen der Bürger waren. Ich habe sie als »unsichtbare Armee« an der Front der Pandemie bezeichnet; eine Armee, die nur die Waffen der Solidarität, der Hoffnung und des Sinns für Gemeinschaft hat und die unermüdlich für ihre Familien, ihre Nachbarschaften und das Gemeinwohl arbeitet.[30]

Um es klar zu sagen: Es ist nicht die Kirche, die das Volk »organisiert«. Es sind Organisationen, die schon längst bestehen – einige sind christlich, andere nicht. Ich wünsche mir, dass die Kirche ihre Türen für diese Bewegungen weiter öffnet; ich hoffe, dass jedes Bistum in der Welt eine kontinuierliche Zusammenarbeit mit ihnen pflegt, wie es einige bereits tun. Aber meine Rolle und die der Kirche ist es, sie zu begleiten, nicht zu bevormunden. Das bedeutet, Lehre und Anleitung anzubieten, aber niemals Doktrin aufzuzwingen oder zu versuchen, sie zu kontrollieren. Die Kirche erleuchtet mit dem Licht des Evangeliums und erweckt die Völker zu ihrer eigenen Würde, aber es ist das Volk, das den Instinkt dafür hat, sich selbst zu organisieren.

Meine Überzeugung, dass die Bewegungen dieser Menschen etwas Starkes hervorbringen, stammt aus meiner Zeit als Erzbischof in Buenos Aires. Nachdem ich eine Organisation kennengelernt hatte, die sich für die Befreiung der Opfer von Menschenhandel und anderen Formen der modernen Sklaverei einsetzt, feierte ich jedes Jahr im Juli auf der Plaza Constitución im Freien eine große Messe speziell für Menschen am Rande der Gesellschaft, für die Ausgebeuteten. Diese Messfeiern wurden im Laufe der Zeit zu einem Treffpunkt für Tausende, die kamen, um zu beten und Gott um Dinge zu bitten, die sie brauchten.

Dort habe ich den guten Geist gespürt, inmitten der betenden Menge. Ich meine nicht Menschenmengen im unpersönlichen Sinne einer Masse. Ich meine auch nicht die Art von Organisation, die im Namen der Armen denkt und redet, sondern das Volk Gottes, das zusammenkommt, um für das Leiden seiner Söhne und Töchter zu beten. Diese zum Gebet versammelte Menge erinnerte die Stadt an das, was sie schon nicht mehr betrauerte: die Normalisierung der Sünde, das Leiden so vieler Menschen. Die führende Stimme in dieser Menge ist die Stimme des Heiligen Geistes, der versucht, die Prophezeiung zu erneuern, die wir als Kirche niemals zum Schweigen bringen können.

Es ist nicht die Aufgabe der Kirche, alles Handeln des Volkes zu organisieren, sondern vielmehr diejenigen zu ermutigen, zu begleiten und zu unterstützen, welche diese Aufgabe übernehmen. Das ist das genaue Gegenteil dessen, was alle möglichen Eliten tun – »alles für das Volk, aber nichts mit dem Volk«, von dem man annimmt, es sei ignorant und gesichtslos.

Das ist nicht wahr. Das Volk weiß, was es will und was es braucht, es hat einen Instinkt.

* * *

Auf der Plaza Constitución traf ich eine Menge, die mich an die Vielen erinnert hat, die dem Herrn nachgefolgt sind: die normalen Menschen, die stundenlang Jesus zuhörten, bis der Abend kam und sie nicht wussten, was zu tun war. Die Menge, die Jesus folgte, war keine Masse von Individuen, die von einem gewandten Redner hypnotisiert war, sondern ein Volk mit einer Geschichte, mit einer Hoffnung, die eine Verheißung am Leben hielt.

Das Volk trägt immer eine Verheißung im Herzen: eine Einladung, welche die Menschen zu dem führt, was sie ersehnen, trotz der Ausgrenzung, unter der sie leiden. Die Predigten Jesu riefen in ihnen uralte Verheißungen wach, die sie in sich trugen: ein uraltes Bewusstsein der Nähe Gottes und ihrer eigenen Würde. Jesus brachte ihnen durch die Art und Weise, wie er sprach, berührte und heilte, diese Nähe; dadurch zeigte er ihnen, wie real dieses Bewusstsein war. Er eröffnete ihnen einen Weg der Hoffnung auf die Zukunft hin, einen Weg der Befreiung, die nicht nur politisch war, sondern mehr: eine menschliche Befreiung, welche die Würde schenkt, die uns nur der Herr verleihen kann.

Deswegen folgten sie Jesus nach. Er verlieh ihnen Würde. In dieser eindrucksvollen Szene, in der Jesus alleine mit der beim Ehebruch ertappten Frau spricht, wird das deutlich. Nachdem ihre Ankläger weggegangen waren, salbt Jesus sie mit Würde und sagt ihr: »Geh und sündige von jetzt an nicht mehr!« (JOHANNES 8,11). Für Jesus ist jeder Mensch fähig zu Würde und hat Wert. Jesus stellt den wahren Wert jedes Menschen und der Völker als Ganzes wieder her, denn Er kann mit den Augen Gottes sehen: »Gott sah, dass es gut war« (GENESIS 1,10).

Um dies tun zu können, musste Jesus die Geisteshaltung der religiösen Elite seiner Zeit, die vom Gesetz und der Tradition Besitz ergriffen hatten, zurückweisen. Der Besitz der Güter der Religion wurde zu einem Mittel, um sich über andere zu setzen, andere, die nicht wie sie waren und die sie prüften und beurteilten. Indem Er sich mit Zöllnern und »Frauen mit schlechtem Ruf« abgab, entriss Er die Religion der Gefangenschaft in den Begrenzungen der Elite, des Spezialwissens und der privilegierten Familien, um jeden Menschen und jede Situation gottesfähig zu machen (*capax Dei*). Durch das Gehen mit den Armen, den Ausgestoßenen und den An-den-Rand-Gedrückten riss Er die Mauer nieder, die verhinderte, dass der Herr seinem Volke, seiner Herde, nahe ist.

Indem Er Gottes Nähe zu den Armen und Sündern zeigte, klagte Jesus die Denkweise an, die ganz auf Selbstrechtfertigung setzt und die ignoriert, was um sie herum geschieht. Jesus stellt die Denkweise infrage, die im schlimmsten Fall zur Verwendung rassistischer Begriffe führt und die diejenigen verunglimpft, die nicht zu einer bestimmten Gruppe gehören, indem sie beispielsweise Migranten als Bedrohung darstellt und Mauern errichtet, um zu dominieren und auszuschließen.

* * *

Auf der Plaza Constitución sah ich die Menge, die Jesus nachfolgte: Sie waren würdevoll, sie waren organisiert. Sie trugen die Würde, die Gottes Nähe ihnen offenbart hatte.

Unter ihnen waren die *Cartoneros,* Männer und Jungen, die nachts durch die Straßen ziehen und Karton und andere Materialien suchen, die sie dann weiterverkaufen. Die *Cartoneros* waren als Folge des wirtschaftlichen Zusammenbruchs Argentiniens 2001–2002 entstanden, sie tragen auf der Straße große Behälter für gesammeltes Material bei sich. Ich erinnere mich, dass ich eines Nachts einen Wagen sah, der von einem vermeintlichen Pferd gezogen wurde. Als ich aber näher kam, sah ich, dass es zwei Jungen waren, weniger als 12 Jahre alt. Die Gesetze der Stadt verbieten Tiere als Transportmittel, aber ein Kind war scheinbar weniger wert als ein Pferd.

Im Laufe der Zeit organisierten und sicherten sich Zehntausende von *Cartoneros* mit ihrem Sinn für Würde das Recht auf Bezahlung und Schutz. Du könntest denken: Dafür sind die Gewerkschaften da. Normalerweise konzentrieren sich die Gewerkschaften auf Arbeitnehmer in formalen Beschäftigungsverhältnissen, sie bieten ihnen Schutz und helfen ihnen, menschenwürdige Arbeitsplätze zu sichern. Doch leider konzentrieren sich heutzutage nur noch wenige auf die Ränder. Viele sind weit von den Rändern der Gesellschaft entfernt.

Nachdem ich die *Cartoneros* kennengelernt hatte, gesellte ich mich eines Abends zu ihnen, als sie ihre Runden drehten. Ich war wie alle anderen gekleidet und ohne das Brustkreuz des Bischofs; nur die Verantwortlichen wussten, wer ich war. Ich sah, wie sie arbeiteten, wie sie von den Resten der Stadt lebten, wie sie all das wiederverwerteten, was die Stadt weggeworfen hatte, und ich sah, wie einige Eliten sie selbst als

Überrest ansahen. Mit ihnen nachts durch die Stadt ziehend konnte ich die Stadt durch ihre Augen sehen und konnte die Gleichgültigkeit erfahren, unter der sie litten; die Gleichgültigkeit, die zu einer höflichen, stillen Gewalt wird.

Ich sah das Gesicht der Wegwerfgesellschaft. Ich sah aber auch die Würde der *Cartoneros:* wie hart sie arbeiteten, um ihre Familien zu unterhalten und etwas zu essen für ihre Kinder zu bekommen; wie sie zusammenarbeiteten, als eine Gemeinschaft. Indem sie sich organisierten, traten sie in ihre eigene Art der Bekehrung ein, eine Wiederverwertung ihres eigenen Lebens. Und im Laufe der Zeit veränderten sie die Art und Weise, wie die Argentinier ihren Müll betrachteten, und halfen ihnen, den Wert von Wiederverwertung und Recycling zu verstehen.

Ich idealisiere die *Cartoneros* nicht: Sie streiten und haben Konflikte und einige versuchen, andere auszunutzen, so wie überall in der Gesellschaft. Aber ich war von ihrer Solidarität und Gastfreundschaft bewegt: wie sie sich zum Wohl einer Familie zusammenschlossen, wenn einer von ihnen in Not war. Die *Cartoneros* waren ein Beispiel für Menschen am Rande der Gesellschaft, die sich organisieren, um zu überleben, und ein Beispiel für die Würde, die die Volksbewegungen kennzeichnet.

Wenn diejenigen, die ausgestoßen werden, sich nicht um einer Ideologie willen oder um Macht zu erlangen organisieren, sondern um für ihre Familien Zugang zu einem menschenwürdigen Leben – Land, Arbeit, Wohnraum – zu erlangen, können wir davon sprechen, dass das ein Zeichen, eine Verheißung und eine Prophezeiung ist. Deswegen habe ich als Papst die Volksbewegungen auf der ganzen Welt ermutigt und begleitete sie, so zum Beispiel indem ich mich im Februar 2017 an die Teilnehmer eines Treffens in Modesto, Kalifornien, wandte, das von der US-Bischofskonferenz und PICO, einem nationalen Netzwerk von Organisationen, veranstaltet wurde.

Bei diesem Treffen habe ich die Botschaft vermittelt, dass die Umkehrung der Prozesse der Entmenschlichung in unserer heutigen Welt von der Beteiligung der Volksbewegungen abhängt. Sie sind die Säer einer neuen Zukunft, sie sind Förderer des Wandels, den wir brauchen: die Wirtschaft in den Dienst der Menschen zu stellen, Frieden und Gerechtigkeit aufzubauen und Mutter Erde zu verteidigen.

Die Gesundheit einer Gesellschaft kann anhand ihrer Peripherie beurteilt werden. Eine Peripherie, die verlassen, an den Rand gedrängt, verachtet und vernachlässigt wird, zeigt eine instabile, ungesunde Gesellschaft, die ohne größere Reformen nicht lange überleben kann. Aber um noch einmal Hölderlin zu zitieren: »Wo aber Gefahr ist, wächst das Rettende auch.« Von den Rändern kommt die Hoffnung auf die Wiederherstellung der Würde des Volkes. Das gilt nicht nur für die Ränder von Armut und Not, sondern auch für alle anderen Ränder, die durch religiöse oder ideologische Verfolgung und andere Arten von Brutalität entstanden sind. Indem wir uns zu den Rändern hin öffnen, zu den Organisationen des Volkes, entfesseln wir den Wandel.

* * *

Die Ränder anzunehmen bedeutet, unseren Horizont zu erweitern, denn wir sehen klarer und umfassender von den Rändern der Gesellschaft aus. Wir müssen die in unseren

Nachbarschaften verborgene Weisheit zurückgewinnen, welche die Volksbewegungen sichtbar machen. Es ist ein Fehler, die Volksbewegungen als »klein« und »lokal« abzutun; das hieße, ihre Vitalität und Relevanz zu leugnen. Sie haben das Potenzial, unsere Gesellschaften neu zu beleben und sie vor all dem zu retten, was sie heute schwächt.

Die Treffen der Volksbewegungen im Vatikan und anderswo haben die Erarbeitung einer Agenda für Veränderungen ermöglicht, nachdem sie an einer solchen schon seit einiger Zeit gearbeitet hatten. Die Bewegungen standen für einen Lebensstil, der den Konsumismus ablehnt und den Wert des Lebens, die Solidarität und den Respekt vor der Natur als wesentliche Werte zurückgewinnt; einen Stil, der sich der Freude am »guten Leben« verschreibt, statt dem selbstgefälligen, egoistischen »Wohlergehen«, das uns der Markt verkauft und das uns am Ende isoliert und in unsere kleinen Welten einschließt.

Sie forderten menschenwürdige Arbeit und Unterkunft und Zugang zu Land für Kleinbauern, die Integration armer Stadtviertel in das Leben der Stadt, die Eindämmung von Diskriminierung und Gewalt gegen Frauen, die Beendigung aller Formen der Sklaverei, das Beenden von Krieg, organisierter Kriminalität und Unterdrückung, die Stärkung der demokratischen Meinungs- und Kommunikationsfreiheit und die Gewährleistung, dass Wissenschaft und Technologie den Menschen dienen.

Nichts von all dem kann ohne Veränderungen in allen Gemeinschaften geschehen, dies wiederum kann nur durch konkrete Aktionen geschehen, bei denen alle Beteiligte sind und die sich aus dem Sehen, Urteilen und Handeln ergeben:

Bedürfnisse spüren; erkennen, welchen Weg man gehen muss; und einen Konsens für das Handeln schaffen.

Es wird Versuchungen geben, die uns ablenken: etwa das, an einem Gefühl der Machtlosigkeit und Wut zu kauen; in Konflikten und Beschwerden stecken zu bleiben; sich auf Slogans und abstrakte Ideen zu konzentrieren statt auf konkrete, lokale Aktionen. Und seien wir nicht naiv: Es wird immer die Gefahr der Korruption geben. Deshalb braucht man, um sich der Sache der Volksbewegungen anzuschließen, Demut und eine gewisse persönliche Strenge; es ist ein Weg des Dienstes, kein Weg zur Macht. Wenn du also eine Vorliebe für gutes Essen und Luxusautos und andere solche Dinge hast, halte dich von den Volksbewegungen und der Politik (und bitte auch vom Priesterseminar) fern. Ein nüchterner, bescheidener Lebensstil, der dem Dienst gewidmet ist, ist weit mehr wert als Tausende von Followern auf sozialen Netzwerken.

Unsere größte Macht liegt nicht in der Achtung, die andere vor uns haben, sondern in dem Dienst, den wir anderen bieten können. In allem, was wir für andere tun, legen wir die Grundlagen für die Wiederherstellung der Würde unserer Völker und Gemeinschaften und ermöglichen es uns so, besser zu heilen, zu pflegen und zu teilen. Auch wenn diese Aktionen uns alle einbeziehen müssen, so gibt es noch vieles, was die politischen und wirtschaftlichen Führungskräfte tun können, um diese Prioritäten zu ermöglichen; Prioritäten, die nichts anderes sind als die Bedürfnisse des Volkes, zu dem sie gehören.

Um uns eine solche bessere Zukunft vorzustellen, können wir an die »drei T« denken, welche die Volksbewegungen einfordern (*tierra, techo, trabajo*, also Land, Wohnraum und Arbeit). Wenn wir Land, anständigen Wohnraum und Arbeit für alle ins Zentrum unseres Handelns stellen, dann machen wir eine von Tugend angetriebene Dynamik möglich, die uns im Laufe der Zeit hilft, Würde wiederzugeben.

LAND

Wir sind irdische Wesen, die zu Mutter Erde gehören, und wir können nicht einfach auf ihre Kosten leben; unsere Beziehung zu ihr ist wechselseitig. Wir brauchen ein Jubeljahr, eine Zeit, in der diejenigen, die mehr als nötig haben, weniger verbrauchen, um der Erde zu erlauben zu heilen. Eine Zeit, damit die Ausgeschlossenen einen Ort in unseren Gesellschaften finden. Die Pandemie und die Wirtschaftskrise bieten eine Chance, unsere Lebensweise zu überprüfen, zerstörerische Gewohnheiten zu ändern und nachhaltigere Wege für Produktion, Handel und Transport von Gütern zu finden.

Wir können also damit beginnen, eine ökologische Bekehrung auf allen Ebenen der Gesellschaft umzusetzen, wie ich es in *Laudato Si'* vorgeschlagen habe: Umstellung auf erneuerbare Energien und weg von fossilen Brennstoffen; Achtung oder Umsetzung der Biodiversität; Gewährleistung des Zugangs zu sauberem Wasser; maßvollere Lebensweisen; Änderung unseres Verständnisses von Wert, Fortschritt und Erfolg durch Berücksichtigung der Auswirkungen unserer Geschäfte auf die Umwelt. Als Weltgemeinschaft müssen wir uns verpflichten, bis 2030 die nachhaltigen Entwicklungsziele der Vereinten Nationen zu erreichen. Nutzen wir die kommenden Jahre, um eine *integrale* Ökologie zu praktizieren, die es erlaubt, dass das Prinzip der ökologischen Regeneration die Entscheidungen auf allen Ebenen prägt.

Das bedeutet, dass wir die Auswirkungen unserer industriellen Methoden auf die Umwelt und die Auswirkungen des Agrobusiness auf die Kleinbauern unter die Lupe nehmen müssen. Es muss mehr Land für Kleinbauern erschlossen werden, die Nahrungsmittel für den lokalen Verbrauch mit biologischen, nachhaltigen Methoden anbauen. Unsere Bauernhöfe müssen nicht nur Lebensmittel, sondern auch gesunde Böden und biologische Vielfalt produzieren.

Die Güter und Ressourcen der Erde sind für alle bestimmt. Frische Luft, sauberes Wasser und eine ausgewogene Ernährung sind für die Gesundheit und das Wohlergehen unserer Völker lebenswichtig. Stellen wir die Regeneration der Erde und den universellen Zugang zu ihren Gütern in den Mittelpunkt unserer post-Covid-Zukunft!

WOHNRAUM

Mit Wohnraum meine ich natürlich die Häuser, in denen wir leben, aber in einem weiteren Sinn auch unseren Lebensraum.

Mit einer immer stärkeren Konzentration von Menschen in den Städten wird das, was dort geschieht, der Schlüssel für die Zukunft unserer Zivilisation sein. Es ist schwer, sich unserer Würde als Volk bewusst zu sein, wenn wir in seelenlosen Stadtzentren versinken, ohne Geschichte. Es ist schwer, von Zugehörigkeit und geteilter Verantwortung zu sprechen, wenn wir an weite Zersiedelungen denken, die Anonymität,

Einsamkeit und ein Gefühl der Verwaisung fördern. Der Verfall unserer städtischen Umwelt ist ein Zeichen kultureller Erschöpfung. Wenn unsere Umgebung chaotisch, zersplittert und voller Lärm und Hässlichkeit ist, dann ist es schwer, glücklich zu sein oder von Würde zu sprechen.

Die Würde unserer Völker wiederherzustellen bedeutet, dass wir uns um unseren *Oikos* kümmern, also um unser gemeinsames Haus. Es gibt so viel zu tun, um unsere städtische Umwelt humaner zu gestalten: die Schaffung, Förderung und Pflege von Gemeinschafts- und Grünflächen; die Gewährleistung würdiger, nachhaltiger und familienfreundlicher Wohnungen für alle; die Entwicklung von Nachbarschaften und qualitativ hochwertigen öffentlichen Verkehrsnetzen zur Verringerung von Verschmutzung und Lärm, die es den Menschen ermöglichen, sich schnell und sicher fortzubewegen. Wir müssen vor allem die Randgebiete unserer Städte würdigen und sie durch eine Sozialpolitik integrieren, die in der Lage ist, den von ihnen geleisteten kulturellen Beitrag anzuerkennen und zu würdigen. Eine solche Umgestaltung unserer Städte schafft sozialen und kulturellen Reichtum, der die Sorge um die Umwelt ermöglicht und fördert.

Aber all diese Bemühungen müssen von und durch lokale Akteure geleitet werden, aus ihrer Kultur heraus, vom Staat dazu befähigt, aber immer mit Respekt vor dem Wirken derer, die vor Ort leben, und ihrer Institutionen. Das Ziel muss es sein, Netzwerke der Zugehörigkeit und Solidarität durch die Wiederherstellung der Bande der Gemeinschaft und Geschwisterlichkeit, durch die Einbeziehung der in der Gemeinschaft verwurzelten Institutionen und der Volksbewegungen zum Blühen zu bringen. Wenn Organisationen über die Grenzen des Glaubens und der ethnischen Zugehörigkeit hinaus gemeinsam handeln, um konkrete Ziele für die Gemeinschaft zu erreichen, dann können wir sagen, dass unsere Völker ihre Seele zurückerobert haben.

ARBEIT

Gott gab uns das Land, um es zu bebauen und zu erhalten. Unsere Arbeit ist die Grundvoraussetzung für unsere Würde und unser Wohlergehen. Arbeit ist nicht das ausschließliche Privileg der Arbeitnehmer oder der Arbeitgeber, sondern Recht und Pflicht aller Frauen und Männer.

Wie wird unsere Zukunft sein, wenn 40 oder 50 Prozent unserer jungen Menschen ohne Arbeit sind, wie es in einigen Ländern der Fall ist? Menschen brauchen von Zeit zu Zeit Hilfe, aber sie sollten nicht von Sozialhilfe leben müssen. Sie müssen durch ihre Arbeit einen menschenwürdigen Lebensunterhalt verdienen können, in erster Linie, um ihre Familie zu erhalten und sich selbst zu entwickeln, aber auch, um ihre Umgebung und ihre Gemeinschaft zu verbessern. Arbeit ist die Fähigkeit, die der Herr uns geschenkt hat und die es uns erlaubt, zu Seinem schöpferischen Handeln beizutragen. Indem wir arbeiten, gestalten wir die Schöpfung.

Deshalb müssen wir als Gesellschaft dafür sorgen, dass Arbeit nicht nur ein Mittel zum Geldverdienen, sondern auch zum Selbstausdruck, zur Teilhabe an der Gesellschaft und zum Beitrag für das Gemeinwohl ist. Die Priorisierung des

Zugangs zur Arbeit muss zu einem Kernziel der nationalen öffentlichen Politik werden.

Viele Begriffe in der Welt der Wirtschaft deuten auf den geschwisterlichen Zweck der wirtschaftlichen Tätigkeit hin, den wir jetzt wieder herstellen müssen: *Kompanie* zum Beispiel entsteht durch das gemeinsame Teilen von Brot, während *Korporation* die Integration in den Körper bedeutet. Die Wirtschaft ist nicht nur ein privates Unternehmen; sie sollte zum Gemeinwohl beitragen. *Kommune* kommt aus dem Lateinischen cum-munus: »cum« bedeutet zusammen, während »munus« die Bedeutung einer Dienstleistung hat, die als Geschenk oder aus Pflichtgefühl erbracht wird. Unsere Arbeit hat sowohl eine individuelle als auch eine gemeinsame Dimension. Sie ist sowohl eine Quelle persönlichen Wachstums als auch ein Schlüssel zur Wiederherstellung der Würde unserer Völker.

Allzu oft haben wir es falsch herum verstanden: Trotz der Tatsache, dass sie Werte schaffen, werden die Arbeitnehmer als das entbehrlichste Element eines Unternehmens behandelt, während einige Aktionäre – mit ihrem engen Interesse an der Gewinnmaximierung – die Zügel in der Hand halten. Auch unsere Definition des Wertes von Arbeit ist viel zu eng gefasst. Wir müssen die Vorstellung überwinden, dass die Arbeit der Betreuerin oder des Betreuers von Angehörigen oder die einer Vollzeitmutter oder eines Freiwilligen in einem sozialen Projekt keine Arbeit ist, weil für diese Tätigkeiten kein Lohn bezahlt wird.

Die Anerkennung des Wertes der Arbeit von Nicht-Erwerbstätigen für die Gesellschaft ist ein wesentlicher Bestandteil unseres Umdenkens in der post-Covid-Welt. Ich glaube deswegen, dass es an der Zeit ist, Konzepte zu bedenken wie das universelle Grundeinkommen (UBI, universal basic income), auch als negative Einkommenssteuer (NIT, negative income tax) bekannt: eine bedingungslose Pauschalzahlung an alle Bürger, die über das Steuersystem verteilt werden könnte.

Das Grundeinkommen könnte die Beziehungen auf dem Arbeitsmarkt umgestalten und den Menschen die Würde garantieren, Beschäftigungsbedingungen ablehnen zu können, die sie in Armut gefangen halten würden. Sie würde den Menschen die benötigte grundlegende Sicherheit geben, das Stigma des Wohlfahrtsstaates beseitigen und den Wechsel zwischen Arbeitsplätzen erleichtern, wie es technologiegetriebene Arbeitsweisen zunehmend fordern. Maßnahmen wie solch ein Grundeinkommen können auch dazu beitragen, dass die Menschen frei dazu werden, das Verdienen des Lebensunterhaltes und den Einsatz für die Gemeinschaft zu verbinden.

Mit dem gleichen Ziel kann es durchaus an der Zeit sein, über reduzierte Arbeitszeiten mit angepassten Gehältern nachzudenken, was paradoxerweise die Produktivität steigern kann. Weniger zu arbeiten, damit mehr Menschen Zugang zum Arbeitsmarkt erhalten können, ist ein Aspekt des Denkens, den wir dringend untersuchen müssen.

* * *

Indem wir die Integration der Armen und die Sorge um unsere Umwelt in den Mittelpunkt der Ziele der Gesellschaft stellen, können wir Arbeit schaffen und gleichzeitig unsere Umgebung humanisieren. Durch die Bereitstellung eines universellen Grundeinkommens befreien und befähigen wir die

Menschen, in würdiger Weise für die Gemeinschaft zu arbeiten. Indem wir intensivere Methoden der Permakultur für den Anbau von Nahrungsmitteln anwenden, regenerieren wir die natürliche Welt, schaffen Arbeit und Artenvielfalt und leben besser.

All dies bedeutet, Gemeinwohl-Ziele für die menschliche Entwicklung zu haben, statt uns auf die falsche Annahme der berühmten Trickle-down-Theorie zu stützen, die besagt, dass eine wachsende Wirtschaft uns alle reicher machen wird. Indem wir uns auf Land, Arbeit und Wohnraum konzentrieren, können wir wieder eine gesunde Beziehung zur Welt aufbauen und selber wachsen, indem wir anderen dienen.

Auf diese Weise überwinden wir den engen individualistischen Rahmen des liberalen Paradigmas, ohne in die Falle des Populismus zu tappen. Demokratie wird durch die Sorgen und die Weisheit des sie bildenden Volkes neu belebt. Politik kann wieder ein Ausdruck der Liebe durch Dienst sein. Indem wir die Wiederherstellung der Würde unserer Völker in den Mittelpunkt der Welt nach Covid rücken, machen wir die Würde aller zu unserem Schlüsselziel. Eine Welt zu schaffen, in der die Würde durch konkrete Maßnahmen gewürdigt und respektiert wird, ist nicht nur ein Traum, sondern ein Weg in eine bessere Zukunft.

Nachwort

Wir könnten uns nun fragen: Was muss man tun? Was könnte mein Platz in dieser Zukunft sein und was kann ich tun, um sie möglich werden zu lassen?

Zwei Worte fallen mir da ein: sich dezentrieren, also sich von sich selber lösen, und transzendieren, übersteigen.

Schau, worauf du dich zentriert hast, und dezentriere dich. Die Aufgabe ist es, Türen und Fenster zu öffnen und hinauszugehen. Erinnere dich daran, was ich eingangs über das Risiko gesagt habe, in den gleichen Denk- und Handlungsmustern stecken zu bleiben: Diese Versuchung, uns auf uns selbst zu zentrieren, müssen wir vermeiden.

Eine Krise zwingt dich dazu, dich zu bewegen, aber man kann sich auch bewegen, ohne irgendwo hinzukommen. Viele von uns haben während des Lockdowns das Haus oder die Wohnung verlassen, um das Nötigste einzukaufen oder um den Block zu laufen und sich die Beine zu vertreten. Aber dann gingen wir wieder dorthin zurück, wo und was wir vorher waren, wie der Tourist, der für eine Woche der Entspannung ans Meer oder in die Berge fährt, dann aber in seine erstickenden Routinen zurückkehrt. Er hat sich bewegt, aber nur seitwärts, und nur um wieder dorthin zurückzukehren, von wo er aufgebrochen ist.

Deswegen bevorzuge ich das dazu im Kontrast stehende

Bild des Pilgers, der dezentriert ist und deswegen transzendieren kann. Er geht aus sich selbst hinaus und öffnet sich für einen neuen Horizont, sodass er bei seiner Rückkehr nicht mehr derselbe ist und auch sein Zuhause nicht mehr dasselbe ist.

Es ist eine Zeit zum Pilgern.

Es gibt eine Art des Vorwärtsgehens, das einen immer tiefer in sich selbst eingräbt, wie Theseus im griechischen Mythos, der das Labyrinth betritt.

Ein Labyrinth muss nicht notwendigerweise ein physischer Raum sein, in dem wir uns verlaufen; wir können uns in unseren Köpfen ein Labyrinth aus unserer Zukunft erschaffen. Jorge Luis Borges hat eine Kurzgeschichte geschrieben, »Der Garten der Pfade, die sich verzweigen«. Darin geht es um einen Roman, in dem verschiedene Versionen der Zukunft und des Ausgangs möglich sind und wo nichts jemals zu Ende kommt, weil nichts irgendetwas anderes ausschließt. Es ist ein Albtraum, es gibt keine Möglichkeit für einen Ausweg.

Aus einem Labyrinth kommt man auf einem von zwei Wegen heraus: entweder nach oben, sich dezentrierend und transzendierend, oder indem man sich von Ariadnes Faden hinausleiten lässt.

Die Welt befindet sich derzeit in einem solchen Labyrinth; wir sind darin gefangen und versuchen, nicht von den verschiedenen Monstern gefressen zu werden; oder aber wir gehen die sich verzweigenden Pfade der unendlichen Möglichkeiten entlang, die uns niemals dorthin bringen, wo wir sein müssten.

Das Labyrinth könnte unsere Annahme sein, dass das Leben zurück zu »normal« gehen werde. Im Labyrinth zeigen sich vielleicht unser Egoismus, unser Individualismus, unsere Blindheit, unser Wunsch, alles möge so werden wie vorher; ein Wunsch, der ignoriert, dass damals auch nicht alles nur gut war.

Im griechischen Mythos schenkt Ariadne Theseus einen Knäuel Wolle, damit er seinen Ausweg markieren kann. Der Faden, der uns geschenkt wurde, ist unsere Kreativität, um die Logik des Labyrinths zu überwinden, uns zu dezentralisieren und zu transzendieren. Das Geschenk der Ariadne ist der Geist, der uns aus uns selbst herausruft – der »Ruck an der Leine« aus einer der Pater Brown Geschichten von G.K. Chesterton. Wie bei Ariadne sind es die anderen, die uns beim Ausweg und beim Geben unseres Besten helfen.

Das Schlimmste, was uns passieren kann, ist, dass wir stehen bleiben und in den Spiegel schauen, schwindelig vom Herumlaufen im Kreis ohne Ausgang. Um aus dem Labyrinth herauszukommen, musst du die »Selfie«-Kultur hinter dir lassen, um anderen zu begegnen: die Augen, Gesichter, Hände und die Bedürfnisse der Menschen um uns herum zu betrachten; und auf diese Weise finden wir dann auch unsere eigenen Gesichter und unsere eigenen Hände voller Möglichkeiten.

Sobald wir diesen »Ruck an der Leine« verspüren, gibt es viele Wege heraus aus dem Labyrinth. Was ihnen gemeinsam ist, ist die Einsicht, dass wir in einer auf Gegenseitigkeit beruhenden Beziehung zueinander gehören, dass wir Teil eines Volks sind und dass unser eigenes Schicksal verwoben ist mit einem gemeinsamen Schicksal. »Sicherlich werden die entscheidenden Wendungen in der Weltgeschichte wesentlich mitbestimmt durch Seelen, von denen kein Geschichtsbuch etwas meldet«, schrieb Edith Stein (die hl. Teresia Benedicta vom Kreuz). »Und welchen Seelen wir die entscheidenden Wendungen in unserem persönlichen Leben verdanken, das werden wir auch erst an dem Tage erfahren, an dem alles Verborgene offenbar wird.«[31] Es sind diese Menschen, die an unserem Faden ziehen können.

Lass dich mitreißen, aufrütteln, herausfordern! Vielleicht geschieht es ja durch etwas, was du auf diesen Seiten gelesen hast. Vielleicht durch eine Gruppe von Menschen, von denen du in den Nachrichten gehört hast, oder durch etwas, was du aus deiner Nachbarschaft kennst und dessen Geschichte dich bewegt hat. Vielleicht wird es ein Altenheim in der Nähe oder das Aufnahmezentrum für Flüchtlinge oder das Projekt zur ökologischen Regeneration sein, das dich ruft. Oder vielleicht sind es Menschen zu Hause, die dich brauchen.

Wenn du den Ruck verspürst, dann halte inne und bete. Lies das Evangelium, wenn du ein Christ oder eine Christin bist. Oder schaffe in dir selber Raum, um zu hören. Öffne dich … dezentriere dich … transzendiere.

Und dann handle: Rufe an, mache einen Besuch, biete deine Hilfe an. Auch wenn du nicht weißt, was genau zu tun ist, biete deine Hilfe an. Sage, dass du Teil einer besseren Welt sein möchtest und dass du denkst, dass dies ein guter Anfang wäre.

* * *

Ich möchte mit einem Gedicht schließen, das ich während des Lockdowns gelesen habe und das mir ein Freund in Argentinien geschickt hat. Es gab einige Verwirrung über den Autor, von dem ich schließlich herausfand, dass er ein kubanischer Schauspieler und Komiker in Miami ist. Am Telefon sagte der Autor Alexis Valdés zu mir, dass er das Gedicht ›Hoffnung‹ (Esperanza) in einem durchgeschrieben habe, ohne Worte zu ändern, als ob Gott ihn als eine Art Kanal genutzt hätte. Es verbreitete sich schnell und bewegte viele – mich eingeschlossen. Es fängt den Weg in eine bessere Zukunft ein, den ich in diesem Buch auszudrücken versucht habe. Dieses Gedicht und seine Schönheit sollen das letzte Wort haben und uns helfen, zu dezentrieren und zu transzendieren, sodass unsere Völker Leben haben (JOHANNES 10,10b).

HOFFNUNG

Wenn der Sturm vorüber sein wird
Und die Straßen besänftigt
Und wir die Überlebenden
Eines kollektiven Schiffbruchs sein werden

Mit Tränen im Herzen
Und Segen auf unserem Schicksal
Dann werden wir Freude spüren
Nur weil wir am Leben sind

Und wir werden umarmen
Den ersten Fremden
Und wir werden unser Glück loben
Dass wir einen Freund behalten haben

Und dann werden wir uns erinnern
An alles, was wir verloren haben
Und wir werden endlich lernen
All das, was wir nie gelernt haben

Wir werden nicht länger neidisch sein
Denn alle werden gelitten haben
Wir werden nicht länger faul sein
Wir werden mitfühlender sein

Wir werden was allen gehört mehr schätzen
Als das was wir erlangt haben.
Wir werden großzügiger sein
Und viel engagierter

Wir werden verstehen, wie fragil es ist
Am Leben zu sein
Wir werden Mitgefühl schwitzen
Für die die sind und die die gegangen sind

Wir werden den alten Mann vermissen
Der auf dem Markt um eine Münze bat
Dessen Namen wir nicht kannten
Der aber immer unter uns war

Und vielleicht war der alte Mann
Ja Gott in Verkleidung
Du hast nie nach seinem Namen gefragt
Weil du immer in Eile warst

Und alles wird ein Wunder sein
Und alles wird ein Vermächtnis sein
Und das Leben wird geachtet werden
Das Leben, das wir gewonnen haben

Wenn der Sturm vorbei sein wird
Bitte ich dich, Gott, bekümmert
Dass du uns besser zurückgibst
So wie du uns einst geträumt hast[32]

Einige Worte von Austen Ivereigh

WAGE ZU TRÄUMEN! entstand während des Lockdowns, vor allem in dem Augenblick, als Papst Franziskus wie ein Lotse im Sturm auf den Petersplatz trat, um die Menschheit durch eine ihrer dunkelsten Nächte zu leiten.

Es war am 27. März, zwei Wochen vor dem unbehaglichen Osterfest 2020 der leeren Kirchen und verlassenen Straßen, als er von einem dunklen, verregneten und verlassenen Platz aus eine ungeplante »Urbi et Orbi«-Ansprache hielt. Von Millionen Menschen auf ihren Fernsehern und Tablets verfolgt, machte Franziskus klar, dass die Welt vor einem Wendepunkt stehe, vor einer Zeit der Prüfung, aus der wir entweder besser hervorgehen oder scharf rückwärtsrutschen können.

Kurz danach teilte der Papst in einem faszinierenden Interview am Vorabend des Osterfestes mit mir einige seiner Einsichten über die Versuchungen, Hindernisse und Chancen, die die Krise mit sich brachte. Wie so oft bei Franziskus drückten sich seine Ideen als Geistesblitze aus, die mich neugierig machten. Dann, kurz nach Ostern, wurde bekannt gegeben, dass Fanziskus eine Kommission des Vatikans eingesetzt hatte, die Experten aus der ganzen Welt zur nach-Covid-Zukunft konsultieren sollte. Der Papst forderte die Kommission auf, »die Zukunft vorzubereiten«: Er sah die Kirche nicht nur in Reaktion auf das, was kommen würde, sondern als

Mitgestalterin. Nach außen hin schien der »Papst im Lockdown« isoliert und vom Volk abgeschnitten zu sein, er sah hilflos aus. Doch ihm nahestehende Menschen erzählten mir vom Gegenteil: Er war angeregt von dem, was er als einen Schwellenmoment sah, und von der Bewegung der Geister, die er wahrnahm.

Ich nutzte die Gelegenheit, um ein Buch anzuregen, das ihm die Möglichkeit geben würde, seine Gedanken zu entwickeln und sie einem breiteren Publikum zugänglich zu machen. Erstaunlicherweise stimmte er zu, machte aber auch klar, dass er mehr als nur einige Fragen gebrauche. Wie aus seinen täglichen Predigten deutlich wurde, die während des Lockdowns von seinem Wohnhaus aus übertragen wurden, hatte er eine Menge zu sagen, und ein Frage-Antwort-Format würde nicht ausreichen.

Als Antwort auf die Krise bot Franziskus keine einfachen Antworten und Rezepte. Was ihn beunruhigte, war der Transformationsprozess selbst: wie historischer Wandel geschieht, wie wir uns diesem Prozess widersetzen oder ihn annehmen: die Dynamik der Bekehrung. Wie ich aus meinen Studien zu seinem Leben wusste, war dies – unter anderen Begabungen – sein besonderes Charisma, das in jahrzehntelanger geistlicher Begleitung in seinem Heimatland Argentinien ausgebildet wurde und das er nun als Papst nutzte, um mit den Menschen ihren Weg zu gehen. Er war, um einen Ausdruck zu prägen, der geistliche Begleiter der Welt; und nun, da die Welt in eine dunkle Nacht eingetreten war, ging er mit uns und leuchtete mit einer Fackel auf die vor uns liegenden Wege und warnte uns vor den Klippen. Er suchte, die Dringlichkeit zu vermitteln, die Menschen für die Gnade in Zeiten der

Trübsal zu öffnen, und so Gott unsere Geschichte gestalten zu lassen.

Ich schlug ein Vorgehen in drei Schritten vor, um diesen Prozess der Bekehrung festzuhalten. Die Methode des Sehen-Urteilen-Handeln war schon oft von der Kirche in Lateinamerika benutzt worden, um auf Wandel zu antworten. Franziskus hatte sie in anderen Begriffen neu formuliert (»Kontemplation – Unterscheidung – Absicht«), aber es ist im Wesentlichen derselbe Ansatz. Erstens, schaue dir die Wirklichkeit genau an, wie unbequem sie auch ist, und schaue besonders auf die Wahrheit des Leidens an den Rändern der Gesellschaft. Zweitens, unterscheide die verschiedenen Kräfte, die am Werk sind: das, was aufbaut, von dem, was zerstört; das, was vermenschlicht, von dem, was entmenschlicht. Und wähle so, was von Gott ist, und lehne das Gegenteil ab. Schließlich schlage frisches Denken und konkrete Schritte vor, die sich aus der Diagnose dessen ergeben, was uns plagt und wie wir anders handeln könnten. Dies ist die Grundstruktur von »Wage zu träumen!«, aufgeteilt in drei »Zeiten«: Zeit zum Sehen, Zeit zum Wählen und Zeit zum Handeln.

Im Verlauf des Austauschs mit Franziskus zwischen Juni und August 2020 bat ich ihn, tief in zwei verwandte Bereiche seines Denkens über die Einheit im Handeln einzutauchen, die in vielerlei Hinsicht sein Lebensprojekt sind.

Zum einen ging es um die Frage, wie wir aus Spannung Einheit schaffen können und Unterschiede zusammenhalten, um sie fruchtbar werden zu lassen, anstatt sie in Widersprüche fallen zu lassen. Das ist die Dynamik im Herzen der synodalen Prozesse, die er in der Kirche in Gang gesetzt hat, die aber auch die Menschheit dringend braucht. Bei der anderen ging es um die katalysierende Wirkung des Bewusstseins, Gottes Volk zu sein, und darum, wie sich das Volk auf der Grundlage dieses Bewusstseins organisiert. Franziskus ist, wie diese Seiten zeigen, überzeugt, dass wahre Veränderung nicht von oben kommt, sondern von den Rändern, an denen Christus lebt. Hinter dieser Überzeugung steht eine reiche Reflexionstradition der argentinischen Kirche, die als »Theologie des Volkes Gottes« bekannt ist.

Beide für sein Papsttum zentrale Themen wurden weithin missverstanden; aber beide Themen sind wesentlich für das Herauskommen aus der Krise.

Zunächst stellte ich Fragen, und er hielt seine Gedanken fest; der erste Teil ist das Ergebnis dieses Austauschs. Aber als sich das Buch entwickelte, wurde es mehr zu einer Zusammenarbeit zwischen Meister und Schüler: Er schickte mir Referenzen und Zeitschriftenartikel, machte Vorschläge und gab mir Ideen zur Weiterentwicklung. *Wage zu träumen!* entstand organisch aus diesem Austausch, gefolgt von seinen Überarbeitungen und Vorschlägen, was uns erlaubte, zwei Texte zu verfassen: einen im natürlichen Klang meiner englischen Muttersprache, den anderen in seinem Spanisch, wobei er seine eigenen, für die Menschen in Buenos Aires charakteristischen Sätze und Sprachmuster verwendete. Wir endeten in dem Augenblick, als Franziskus seine Begegnungen wieder aufnahm und die Menschen auf den Platz zurückzukehren begannen. Eine neue Ära der Krise begann, die komplexer ist als die des Lockdowns.

In diesen Wochen war Franziskus in seinen Nachrichten an mich bei der Freigabe zum Abschluss der Texte voller Energie, Leidenschaft und Humor. Ich konnte die Intensität spüren, mit der er diese Zeit lebte: wie er mit anderen litt und sein Gefühl der Dringlichkeit. Er war unermüdlich mitfühlend und ermutigend, er engagierte sich immer intensiver an der Überarbeitung, um uns über die Ziellinie zu bringen. Ich werde ihm für sein Vertrauen immer zutiefst dankbar sein.

Ich möchte an dieser Stelle auch den Patres Diego Fares und Augusto Zampini-Davies für ihre wesentlichen Beiträge und Vorschläge danken. Der Dank gebührt ebenso Julia Torres in Rom und Maria Galli-Terra in Montevideo für die Zusammenstellung und Abstimmung der spanischen Version, und Pater Bernd Hagenkord für seine Geduld und Professionalität bei der Erstellung der deutschen Übersetzung. Mein Dank geht auch an Alexis Valdés für die Verwendung seines Gedichts. Viel verdanke ich dem Team um Eamon Dolan beim Verlag Simon & Schuster: In einer für die Verlagswelt extrem schwierigen Zeit haben sie heldenhaft und in Hochgeschwindigkeit dieses Unternehmen gestemmt. Dank geht wie immer an Stephen Rubin, der mehr ist als nur ein Herausgeber, und an Bill Barry, der mehr ist als nur ein Vermittler und Agent. Dank geht an meine Frau Linda für das geduldige Ertragen und die großartige Unterstützung. Und nicht zuletzt geht mein Dank an Maria, die »Knotenlöserin«, für ihre Hilfe dann, wann sie am meisten gebraucht wurde.

Papst Franziskus ruft in »Wage zu träumen« und in seiner Umweltenzyklika »Laudato si'« zur Bewahrung der Schöpfung auf. In diesem Sinne wurde dieses Buch klimaneutral produziert. Über folgende URL erhalten Sie weitere Informationen über die Kompensation und das unterstützte Klimaschutzprojekt: climatepartner.com/14044-1912-1001

Literaturhinweis

Die im Buch zitierten Bibelstellen sind aus der Einheitsübersetzung übernommen: Einheitsübersetzung der Heiligen Schrift, vollständig durchgesehene und überarbeitete Ausgabe © 2016 Katholische Bibelanstalt GmbH, Stuttgart.

Anmerkungen

1 Hölderlin. Sämtliche Werke, Stuttgarter Ausgabe Band 2, Teil 1, Stuttgart 1951, S. 165.

2 Papst Franziskus hatte im April 2016 die Insel Lesbos gemeinsam mit zwei orthodoxen Kirchenvertretern besucht, dem Ökumenischen Patriarchen von Konstantinopel, Bartholomäus, und dem Erzbischof von Athen und ganz Griechenland, Hieronymos. Er kehrte damals mit 12 muslimischen Flüchtlingen nach Rom zurück.

3 Das Treffen der 190 Staats- und Regierungschefs der Welt in Paris wurde als »COP21« bezeichnet, weil es die 21. Jahrestagung der »Konferenz der Vertragsparteien« (Conference of Partied) des Rahmenübereinkommens der Vereinten Nationen über Klimaänderungen aus dem Jahr 1992 war. Die Pariser Vereinbarung, den Anstieg der globalen Temperatur in diesem Jahrhundert auf 1,5 Grad Celsius zu begrenzen, war eine historische Errungenschaft, die viele später zum Teil dem Einfluss von *Laudato Si'* und den Bemühungen von Papst Franziskus zuschrieben. Siehe Austen Ivereigh, Wounded Shepherd: Pope Francis and His Struggle to Convert the Catholic Church (New York: Henry Holt) 216–218.

4 Gregor der Große: Moralia in Job, Buch 10, Nr. 47.

5 Papst Franziskus spricht hier von der Zeit (1990 bis 1992), die er in der Stadt Córdoba, im Zentrum Argentiniens verbrachte. Der Aufenthalt kam am Ende einer turbulenten Zeit in der argentinischen Provinz der Gesellschaft Jesu, nachdem mehr als ein Jahrzehnt lang Jorge Mario Bergoglio als ihr dominierender, charismatischer Leiter, sowohl als Provinzial (1973–79) als auch als Rektor des Ausbildungshauses der Jesuiten, des Colegio Máximo in der Provinz Buenos Aires, gewirkt hatte. Zu diesem Zeitpunkt erst Mitte fünfzig, wurde Bergoglio nach Córdoba geschickt. Die Zeit endete, als der damalige Erzbischof von Buenos Aires, Kardinal Antonio Quarracino, Papst Johannes Paul II. bat, ihn zu seinem Weihbischof zu ernennen. Diese schmerzliche, aber fruchtbare Zeit, in der Jorge Mario Bergoglio sehr litt und einige seiner tiefsten Einsichten schrieb, wird beschrieben in: Austen Ivereigh, The Great Reformer: Francis and the making of a radical pope (New York: Henry Holy / Picador, 2014/2015), Kapitel 5.

6 In seinen *Geistlichen Übungen* schreibt der Gründer der Jesuiten, Ignatius von Loyola: »Es ist dem bösen Engel eigen, der Gestalt unter einem Lichtengel annimmt, … gute und heilige Gedanken zu bringen, wie es dieser gerechten Seele entspricht; und danach bemüht er sich allmählich, bei sich hinauszugehen, indem er die Seele zu seinen verborgenen Täuschungen und verkommenen Absichten zieht.« Ignatius von Loyola: Geistliche Übungen. Übersetzt von Peter Knauer SJ, Würzburg 2008, Nr. 332.

7 *Ut annis consolidetur, dilatetur tempore, sublimetur aetate* lautet die berühmte Formel des heiligen Vincent von Lérins (gest. 450), Mönch und Theologe im Kloster von Lérins, Frankreich.

8 Francisco Luis Bernárdez, Soneto: »Porque después de todo he comprendido / que lo que el árbol tiene de florido / vive de lo que tiene sepultado«. Veröffentlicht in *Cielo de Terra* (1937).

9 Kate Raworth: *Die Donut-Ökonomie: Endlich ein Wirtschaftsmodell, das den Planeten nicht zerstört* (München: Hanser Verlag, 2018) und Mariana Mazzucato: *Wie kommt der Wert in die Welt? Von Schöpfern und Abschöpfern* (Frankfurt: Campus Verlag 2019) sind zwei von fünf Wirtschaftswissenschaftlerinnen, die in einem Forbes-Artikel als revolutionär bezeichnet werden. Avivah Wittenberg-Cox, '5 Economists Redefining … Everything. Oh Yes, And They're Women', *Forbes* (forbes.com) May 31, 2020. Eine weitere einflussreiche Wirtschaftswissenschaftlerin ist die Professorin und Ordensschwester Alessandra Smerilli, Mitglied der post-Covid Kommission des Vatikans.

10 Alle vatikanischen »Dikasterien« (wie die Abteilungen heißen) haben vom Papst ernannte Berater. Sie treffen sich regelmäßig in Rom, um zu beraten und ihren Beitrag zu leisten und so die Außenperspektive in den Entscheidungsprozess einzubringen. Franziskus ist der erste Papst, der drei Frauen zu Beraterinnen in der Glaubenskongregation ernannt hat, außerdem zwei für die Kongregation für den Gottesdienst. Dadurch bekommen Frauen eine Stimme in zwei der wichtigsten Institutionen, verantwortlich für Lehre und Liturgie.

11 Papst Franziskus spricht hier von der Abteilung des Staatssekretariats, das in etwa einem Außenministerium entspricht. Es wird geleitet vom Sekretär für die Beziehungen zu den Staaten, dem zwei Untersekretäre zugeordnet sind. Einer leitet die Arbeit der Diplomaten der Kirche, der zweite koordiniert die Beziehungen mit den multilateralen Organisationen. Francesca di Giovanna ist die erste Frau, die den zweitgenannten Posten innehat.

12 Papst Franziskus' Enzyklika *Fratelli Tutti* wurde am 3. Oktober 2020 in Assisi unterschrieben.

13 Der Begriff der »abgeschotteten Geisteshaltung« findet sich auch direkt am Anfang der Enzyklika *Evangelii Gaudium* (Nr. 2), seinem ersten wesentlichen Dokument als Papst.

14 »Erworbenes Vermögen« (*cosa adquisita*) ist eine Formulierung aus den Geistlichen Übungen des heiligen Ignatius von Loyola (Nr. 150). Die als »drei Menschenarten« bekannte Übung hilft den Menschen, die unbewussten Mechanismen der Selbstrechtfertigung zu erkennen, die die geistige Freiheit einschränken. Der heilige Ignatius stellt sich drei Menschentypen vor, »jede von ihnen hat zehntausend Dukaten erworben, aber nicht rein oder gebührenderweise aus Liebe zu Gott; und sie alle wollen sich retten und Gott unseren Herrn in Frieden finden, indem sie die Schwere und das Hindernis von sich entfernen, das sie in der Anhänglichkeit an die erworbene Sache haben«.

15 Dorotheus von Gaza: Über die Selbstanklage, Nr. 100, in: Jorge Mario Bergoglio: Über die Selbstanklage. Eine Meditation über das Gewissen. Freiburg: Herder 2013.

16 Ansprache von Papst Franziskus beim Besuch des Kongresses der Vereinigten Staaten, U.S. Kapitol, Washington D.C., 24. September 2015.

17 Der deutsche Priester, Autor und Philosoph Romano Guardini (1885–1968) war einer der einflussreichsten katholischen Denker des 20. Jahrhunderts. Die geplante Doktorarbeit von Papst Franziskus befasste sich mit einem frühen (1925) Werk zur philosophischen Anthropologie Guardinis, *Der Gegensatz: Versuche zu einer Philosophie des Lebendig-Konkreten*. Die von Jorge Mario Bergoglio nie vorgelegte Arbeit hätte den Titel getragen »Der Gegensatz als Struktur alltäglichen Denkens und Christlicher Verkündigung«. Massimo Borghesi beschreibt die Arbeit im Detail im fünften Kapitel seines Buches *Papst Franziskus: Sein Denken, seine Theologie* (Wissenschaftliche Buchgesellschaft 2020).

18 Die Bischofssynode wird sich im Oktober 2022 wieder versammeln, das Thema wird sein: »Für eine synodale Kirche: Gemeinschaft, Partizipation und Mission«.

19 In der Konstitution *Lumen Gentium* (Licht der Völker, 1964) lehrt das Zweite Vatikanische Konzil: »Die Gesamtheit der Gläubigen, welche die Salbung von dem Heiligen haben (vgl. 1 Joh 2,20.27), kann im Glauben nicht irren. Und diese ihre besondere Eigenschaft macht sie durch den übernatürlichen Glaubenssinn des ganzen Volkes dann kund, wenn sie ›von den Bischöfen bis zu den letzten gläubigen Laien‹ ihre allgemeine Übereinstimmung in Sachen des Glaubens und der Sitten äußert.« (Lumen Gentium, Nr. 12)

20 Dieses Prinzip galt über Jahrhunderte hinweg in verschiedenen Formulierungen. In der Kodifizierung des Kirchenrechts unter Papst Bonifaz VIII. (1294–1303) lautet es: *Quod omnes tangit debet ab omnibus approbari.*

21 Kapitel acht hat den Titel »Die Zerbrechlichkeit begleiten, unterscheiden und eingliedern« und legt den Ansatz dar, wie die Kirche Geschiedene und Wiederverheiratete begleiten soll, sie ins Gemeindeleben integrieren und ihnen helfen soll, den Ruf Gottes für sie zu hören. Für eine detaillierte Schilderung der

Abläufe der Synode inklusive der Lösung in letzter Minute und das Abschlussdokument siehe Austen Ivereigh, *Wounded Shepherd. Pope Francis and His Struggle to Convert the Catholic Church* (Henry Holt, New York 2019), Kapitel 9 & 10.

22 In der katholischen Kirche ist ein Diakon ein geweihtes Mitglied des Klerus, aber kein Priester. Diakone können Trauungen und Beerdigungen leiten, sie können taufen, aber sie können weder die Beichte abnehmen noch die Eucharistie feiern. Der Diakonat ist entweder eine Etappe auf dem Weg zum Priestertum (»Übergangsdiakone«) oder, wie hier, »ständig«. Normalerweise hat ein »ständiger Diakon« eine Familie und im Gegensatz zu einem Priester, der von seinem Bischof verschiedentlich eingesetzt wird, ist er an eine bestimmte Gemeinschaft gebunden, in der er sich oft vor allem um die Armen kümmert und die ans Haus gebundenen Menschen besucht. Papst Franziskus weist hier auf diesen lokalen Schwerpunkt des ständigen Diakonats als ein Geschenk an Amazonien hin, das seiner Ansicht nach noch nicht richtig von der Kirche in der Region angenommen worden ist.

23 Gedicht 63 in der Sammlung *Gitanjali – Gebete, Lieder und Gedichte*, Anaconda Verlag, Köln 2013.

24 Fjodor M. Dostojewski: Die Brüder Karamasow, Teil II, Buch VI, Kapitel III.

25 Die universelle Bestimmung der Güter ist ein Prinzip der katholischen Soziallehre, das besagt, dass Gott die Güter der Welt für alle bestimmt hat, ohne Unterschied. Dieses Prinzip widerspricht nicht dem Recht auf Privatbesitz, aber relativiert es. Eigentum bringt eine Verpflichtung zum Gemeinwohl mit sich.

26 Papst Franziskus, Ansprache bei der Begegnung mit Priestern, Ordensleuten und Seminaristen in der Kathedrale von Santiago de Chile. Apostolische Reise von Papst Franziskus nach Chile (16. Januar 2018).

27 Ansprache von Papst Franziskus beim Besuch des Kongresses der Vereinigten Staaten, US-Kapitol, Washington DC, 24. September 2015.

28 Zahlenangaben nach der Welt-Gesundheitsbehörde WHO.

29 vgl.: Guzmán Carriquiry Lecour & Gianni La Bella, La irrupción de los movimientos populares: ›Rerum Novarum‹ de nuestro tiempo, mit einem Vorwort von Papst Franziskus (Librería Editrice Vaticana, 2019).

30 Schreiben von Papst Franziskus an die Volksbewegungen vom Ostersonntag (12. April) 2020, nachzulesen auf der Webseite vatican.va

31 *Verborgenes Leben und Epiphanie*: Gesammelte Werke XI, 145.

32 Alexis Valdés, *Esperanza* (2020). Deutsche Übersetzung für dieses Buch: Bernd Hagenkord SJ

Klimaneutral
Druckprodukt
ClimatePartner.com/14044-1912-1001

MIX
Papier aus verantwortungsvollen Quellen
FSC
www.fsc.org
FSC® C014496

Penguin Random House Verlagsgruppe FSC® N001967

Umschlag: ZERO Werbeagentur
Umschlagmotiv: © Godong / Alamy Stock Photo
Satz: Leingärtner, Nabburg
Typografie & Herstellung: René Fink, München
Druck und Bindung: GGP Media GmbH, Pößneck
Printed in Germany
ISBN 978-3-466-37272-0
www.koesel.de

Dieses Buch ist auch als E-Book erhältlich.